LES NUITS DE LONDRES.

E. Dépée. Impr. a Sceaux.

LES NUITS
DE
LONDRES

PAR MÉRY,

Auteur des *Scènes de la Vie Italienne*, etc., etc.

2

PARIS,
DUMONT, ÉDITEUR,
PALAIS-ROYAL, 88, AU SALON LITTÉRAIRE

1840.

HISTOIRE D'UNE COLLINE

— Suite. —

VI

Un article de Journal.

C'était l'heure où Londres est plein de lumière et de ténèbres, comme un Ecu immense, écartelé de sable et d'or. Les ténèbres tombent du ciel et s'arrêtent aux toits des maisons basses ; la lumière monte des pavés, et s'arrête aux toits. John Lively, pâle comme un mort galvanisé, se mêla au tourbillon de fantômes qui descendaient silencieusement aux bocages du parc Saint-James. A *Portland-Place*, le soleil hydrogène, à mille rayons, qui blanchit la colonne du duc d'York, comme une planète, jeta ses gerbes de clarté joyeuse dans ce troupeau d'ombres errantes : elles descendirent, ces tristes ombres, l'escalier babylonien de *Carlton-House*, en passant devant la sentinelle qui protège les orgies calmes et muettes du jardin royal. John Lively, sous les allées du parc, se secoua vivement, comme pour se délivrer d'un rêve affreux : il vivait de deux existences; l'une l'accablait de sa réalité désespérante; l'autre était toute pleine des tableaux incohérents du songe ou de la folie. Aux lueurs du gaz répandues sous les arbres, et qui semblaient tamisées à travers un crêpe violet, John Lively découvrit, autour de lui, un monde nouveau, sans forme et sans nom; tous les squelettes anglais de la prostitution ténébreuse défilaient devant lui, en lui montrant des visages hideux sur lesquels le sourire du métier faisait craquer un reste d'épiderme, comme du parchemin. Des nuages de haillons couraient sous les arbres et semblaient quelquefois prendre des formes de femmes, comme les nuages fantasques du ciel dans un crépuscule d'orage; des murmures gutturaux, soupirs des sépulcres, tintaient dans l'air; on n'entendait ni bruit de pas ni bruit de voix : ces êtres glissaient comme des apparitions sur le sable des allées; ils appartenaient à un sexe inconnu, et pourtant, au pâle reflet du gaz, on voyait, par intervalles, luire un visage charmant, enveloppé de guenilles, comme une rose épanouie dans une toile d'araignée. Rien ne donne une plus exacte idée des lieux profonds auxquels toutes les religions condamnent les âmes en peine. C'était l'Elysée au bord du Léthé, ou les Limbes des chrétiens morts avant le baptême. A travers le rideau des arbres, on voit étinceler les ondes ridées de la grande pièce d'eau, comme un fleuve de l'enfer païen, et de l'autre côté, l'œil s'arrête sur les colonnades thébaines de *Carlton-Terrace,* le palais sans roi.

John Lively poussa le cri d'Hamlet devant le fantôme; à ce cri, un *policeman* accourut et menaça l'Irlandais de la prison s'il continuait le rôle d'Hamlet. Le mot de prison, peu usité dans les rêves, rappela notre jeune homme aux réalités de la vie; il s'élança sur l'escalier, et sortit du parc Saint-James pour aller où Dieu le conduirait. Il passa sous la voûte sombre du vieux palais, au moment où l'horloge sonnait minuit, cette horloge qui sonna l'agonie de Charles Ier devant *Wite-Hall.* L'Irlandais courait dans *Parliament-Street* comme Oreste poursuivi par les furies; et toujours, et partout, il retrouvait ces tourbillons d'âmes folles, ces processions de fantômes, ces guirlandes de haillons, ces ruisseaux de prostitution fétide qui changent les nuits de Londres en nuits de l'Erèbe et du Ténare. Il remonta vers *Charing-Cross*, et les rêves l'accompagnaient encore; ils s'acharnaient sur ses pas; ils l'étreignaient de leurs images fantastiques. Le gaz joyeux leur prodiguait sa lumière. Un croissant de lune les favorisait comme il eût fait pour des scènes d'amour; des palais superbes, des jardins frais et recueillis servaient de cadre à tant d'incroyables scènes, et honoraient leur misère du voisinage de leur opulence. John Lively, parfois arrêté sur le large trottoir resplendissant de gaz, et absorbé dans une méditation qui le rendait fou, se croyait transporté dans une autre planète, et regardait tourner la terre dans la profondeur des cieux. L'aube, qui rend la raison aux imaginations délirantes, lui rendit aussi les soucis cuisants de la veille; les rêves se retirèrent devant les premiers nuages dorés par l'aurore, et Lively se réveilla face à face avec la réalité de son malheur et de son néant.

Il monta lentement les rues qui conduisent au *Cheapside*; un seul homme était debout dans la rue immense, où le gaz s'éteignait par respect pour l'aurore. Cet homme était Patrick.

Le cocher irlandais avait veillé sur *Waterloo-Bridge* pour prévenir un suicide; à l'aube, il était rentré dans la Cité, le désespoir au cœur. Deux cris de joie retentirent dans la rue solitaire. Les deux amis s'étaient embrassés.

— Vivant! vivant! s'écria Patrick.

— Oui, dit Lively; vivant, comme un cadavre qui marche!

— Et qui ressuscitera! dit Patrick; j'ai

cent livres sur moi; elles sont à vous.

— Cent livres! Patrick.... Qu'as-tu fait pour les avoir?..

— J'ai vendu mes chevaux, hier.

Lively serra Patrick sur sa poitrine!

— Il nous manque cinquante livres, Patrick.

— Mon frère nous les avancera : M. Igoghlein sera payé avant midi.

— Oui, c'est bien! cours à Wycombe, prends la voiture de *Golden-Cross*; délivre cette femme, ne parle pas de moi, surtout : qu'elle ignore la source du bienfait.

— C'est entendu.

— Je t'attends à Londres, moi; les heures seront des siècles; mais après ces siècles, le calme et le bonheur peut-être.

— Une idée! sir Lively, je veux aller voir M. Copperas, à Stafford; je lui emprunterai de l'argent; je lui parlerai des chemins de fer avec enthousiasme, il sera mon ami, je serai le sien. Je m'engagerai à travailler pour ses marécages pendant un an.

— Bon Patrick! va, pars, suis tes inspirations, adieu. Avant tout, vois ton frère à Wycombe, et sauve une femme de la prison.

— A demain, sir Lively.

Un espoir vague de bonheur tranquillise l'homme le plus désespéré. Dans les terribles circonstances de la vie, tout devient planche de salut; on s'y cramponne, et on respire un moment; le moindre rayon est un soleil.

A huit heures, Lively fut appelé par son nom, dans le vestibule de *White-Horse*. L'aubergiste montait l'escalier : — Sir Lively, dit-il, ce monsieur qui est venu vous demander hier deux fois, est encore là. Voulez-vous lui parler?

— Je descends, dit Lively. Si c'est M. Saint-Alban, poursuit-il à voix basse, qui vient réclamer ses cinquante livres, je l'assomme d'un coup de poing, et j'en demande pardon à Dieu.

Ce n'était pas Saint-Alban, c'était Copperas.

— Ah! sir Lively, dit Copperas, en étendant ses mains vers lui, je vous demande à tous les échos de Londres. Où diable vous enterrez-vous? On m'a indiqué votre domicile à Wycombe, et je viens vous faire une petite visite en passant.

— C'est bien de la bonté, M. Copperas, dit Lively froidement.

— Il est bientôt neuf heures, sir Lively; voulez-vous accepter une tasse de chocolat, chez Verey, à Regent's-Street.

— Je vous accompagnerai, monsieur Copperas.

— Vous n'avez jamais pris du chocolat chez Verey? On y est fort bien; c'est le seul café de Londres. Je vous montrerai mademoiselle Grisi qui arrose tous les matins ses fleurs, sur le balcon, en face de Verey. Aimez-vous le talent de Grisi? Fréquentez-vous *King's-Theatre?* Avez-vous entendu Grisi chantant :

Son vergin vezzoza
In veste di Spozza.

dans les *Puritains, I Puritani?* Allons, venez donc, enfant. A propos, nous allons bien là-bas, sur la colline; nous marchons. Le marécage se dessèche. Nous ferons un mille à terrain sec. Il est fâcheux, sir Lively, que vous n'ayez pas un acre de terre végétale de ce côté, vous le vendriez comme une mine d'or... Tenez-vous toujours à votre petite cabane ?

— Toujours, M. Copperas.

— Une hutte de Lapon; un wigham de Mingo. Enfin, n'importe; vous y tenez. Si vous n'y teniez pas, je vous l'aurais bien payée vingt livres. Elle ne vaut pas dix shillings, convenez?

— J'y tiens et je la garde.

— Gardez, gardez. Voyons, que faites-vous à Londres, sir Lively? Comment nous amusons-nous? Fréquentons-nous le théâtre? Hantons-nous les clubs? Avez-vous dîné au Club de la Réforme? on y dîne royalement. J'y ai vu O'Connell, le mois dernier; il mange très-bien. Savez-vous que chaque Irlandais lui donne un *penny* par semaine à O'Connell, ce qui lui constitue un revenu de quatre mille livres par mois. Hein! Si nous avions cette fortune là, nous ne creuserions pas la terre avec nos griffes... Savez-vous que votre colline est dure comme du bronze? Nos ouvriers y perdent leurs boyaux. C'est du fer, de l'airain... Enfin, nous en viendrons à bout... Et que ferez-vous de ces deux tronçons de colline que nous vous laisserons?

— Que voulez-vous que j'en fasse?

— Je ne sais pas, moi; au lieu d'une colline, vous en aurez deux; vous vous promènerez comme le colosse de Rhodes, un pied sur chaque tronçon.

— Je me promènerai.

— Avec nos marécages, la terre nous manquera; c'est un pays de plaines; il nous faut de la terre pour dessécher le marais... Ah! il me vient une idée!.. Cédez-nous ces deux moitiés de colline, ces deux tronçons.

— Pourquoi voulez-vous que je les cède?

— Oh! mon Dieu! si vous voulez les garder, gardez-les; au fond, ce que je vous en donnerais, d'ailleurs, ne vaudrait pas la peine que vous me cédassiez votre bien.

— Et que m'en donneriez-vous, monsieur Copperas?

— Diable! cela ne s'improvise pas... Je ne suis pas préparé à la demande... Voyons, que peuvent valoir ces deux monticules de gravier?.. Rien... rien du tout... Je vous en donne trente livres...

— C'est trop peu.

— Trente livres chaque tronçon, cela fait soixante livres!

— Trop peu...

— Voyons; faisons une petite affaire... entrons chez Verey; nous prendrons du chocolat... Tenez, voilà le balcon de mademoiselle Grisi.

Vien diletto in ciel e luna.

Il faut que je vous conduise aux *Puritani*. Et quel duo!

Suoni la tromba intrepido!

Et la romance

Lasciate mi morir!

Grisi est ravissante... voilà son balcon; avec des fleurs... Il faut que je vous présente à Rubini... vous l'entendrez quand il chante

Non parlar di lei ch'adoro
Di valor non mi spoliar.

Et Tamburini, oh!

Del sogno beato!

Êtes-vous nerveux, sir Lively? la musique me crispe moi!... Comment trouvez-vous le chocolat?... Excusez-moi, j'ai oublié... ah!.. nous parlions de votre colline... je vous donne cent livres de votre colline et de vos deux tronçons... c'est une folie! que voulez-vous? le chocolat me monte à la tête!... cent livres? qu'en pensez-vous?

— Je pense.

— Penser.. voulez-vous du beurre frais?.. du beurre d'Hampstead, de Cricklewood, d'Highgate, du beurre exquis?

— Merci... j'ai pensé... voici ma réponse, monsieur Copperas. Hier, j'ai rencontré un monsieur qui m'a parlé absolument comme vous; on vous prendrait pour son frère. Hier, j'ai été... trompé... excusez le terme... vous me parlez de mademoiselle Grisi, des *Puritains*, de *King's Theatre*, que sais-je, moi? de tout... cela me met en garde; je suis vieux depuis hier; j'ai vingt-quatre heures d'expérience, et c'est beaucoup pour un montagnard irlandais... vous êtes adroit, monsieur Copperas, mais vous avez le malheur d'arriver après M. Saint-Alban...

— Quel est ce M. Saint-Alban, sir Lively?

— Un homme qui m'a gagné cent livres au wist.

— Cela n'a rien de commun avec moi... je ne joue jamais... Vous disiez donc...

— Je disais que votre proposition me paraît suspecte, à vous parler franchement. Je crois que votre visite cache un but que je ne comprends pas, mais qui existe. Certes, j'ai bien besoin d'argent, mais je refuse net vos cent livres.

— Sir Lively, croyez-vous par hasard que j'ai découvert une mine d'or dans votre colline?

— Je ne crois rien ; je me tiens en garde ; je ne vois maintenant partout que des Saint-Alban.

— Que vous connaissez peu les hommes, sir Lively!

— Oh! je les connais très peu, c'est vrai.

— Vous êtes jeune; vous reviendrez de vos jugements. Convenez pourtant qu'il y a une conduite déraisonnable à se méfier d'un homme qui offre cent livres en échange de rien. Sir Lively, je veux faire une épreuve sur le cœur humain... Voulez-vous accepter deux cents livres?

— Non.

— Trois cents.

— Non.

— Ah! voilà de la folie!...

Lively mit sa tête sur ses mains.

—Monsieur Copperas, dit-il; vous m'offrez trop pour que j'accepte.

— Et si je veux faire votre bonheur, m'en empêcherez-vous? Mais dans quel siècle vivons-nous donc? il n'y a donc plus de culte pour la philantropie! On ne peut donc faire une offre d'obligeance sans être suspect aux yeux de l'obligé!.. Sir Lively... je ne vous dirai plus qu'un mot, mais après ce mot, je me retire et vous laisse à vos remords. Notre société a besoin de votre terrain; notre société est millionnaire; elle ne veut laisser sur son chemin aucun propriétaire froissé, aucun agriculteur spolié. Comprenez-vous? Elle veut que le *rail-way* coure au milieu des bénédictions du *Lancashire*. Ma dernière offre est de cinq cents livres. Acceptez-vous?

— Je vous demande une heure de réflexion.

Prenez garde que je ne réfléchisse aussi, moi, et que je ne revienne à cent !

— Où m'attendez-vous, monsieur Copperas ?

— Au *Quadrant*.

— Je reste chez Verey.

M. Copperas sortit.

C'était l'heure de la distribution des journaux de France et d'Angleterre. Les garçons du café éparpillaient sur les guéridons les feuilles encore humides. John Lively saisit la première venue et qui se trouvait, par hasard, la plus intéressante pour lui, puisqu'elle venait de son comté. Cette feuille était *Liverpool-Review*. Il la parcourut négligemment, et arrivant à l'article *Rail-way*, il lut la nouvelle suivante :

« On vient de découvrir, sur le *rail-way* d'embranchement de Manchester, une mine de houille, dans une colline appartenant à M. John Lively. C'est au hasard qu'on doit cette découverte si importante pour les services qu'elle peut rendre à la localité, puisqu'elle approvisionnera les convois. Le *rail-way* passera dans le vallon formé par la coupure de la colline. On estime à cent mille livres sterling cette propriété. »

John Lively garda son sang-froid, après cette lecture; il jeta les regards autour de lui, pour voir si quelque mystificateur ne lui avait pas fait glisser le journal : il relut l'article et examina la date; la feuille était datée de la veille.

Si c'est un miracle, dit-il, il arrive fort à propos; mais ne nous réjouissons pas : c'est maintenant que nous allons voir ce que dira Copperas. Son arrivée et ses propositions concordent bien avec le journal; si je me trompe cette fois, je ne fais plus de conjectures de ma vie, voyons!

Au bout de *Regent's-Street*, et sous la première arcade du *Quadrant*, il trouva Copperas, et se composa un visage sans émotion.

— Eh bien! sir Lively, dit Copperas, avez-vous fait vos réflexions?

— Oui.

— Acceptez-vous les cinq cents livres?

— Non, monsieur Copperas.

— C'est donc fini entre nous?

— Si c'est fini avec vous, je recommencerai avec un autre.

— Croyez-vous qu'un autre sera plus généreux que moi?

— Je le crois.

— Et combien estimez-vous donc votre propriété?

— Je l'estime ce qu'elle vaut.

— Et que vaut-elle?

— Cent cinquante mille livres sterling.

Un grand éclat de rire de Copperas ébranla la voûte du *Quadrant*.

John Lively croisa les bras et attendit la fin de l'éclat de rire.

— Avez-vous assez ri, monsieur Copperas?

— Oh! laissez-moi recommencer, sir Lively.

— Recommencez... et maintenant, lisez cet article de *Liverpool-Review*, et allez le rendre au café Verey... Ah! vous ne riez plus, monsieur Copperas!...

— Écoutez, sir Lively; tôt ou tard, vous auriez appris cette nouvelle, et nous sommes trop délicats pour avoir voulu spéculer sur une surprise. Je voulais seulement vous engager, par une avance, à traiter avec la société, sauf ensuite à terminer à un prix raisonnable, et sur le pied d'une estimation faite par experts. J'espère que vous ne vous fierez pas à l'estimation du journal.

— Non, mais je crois que ma colline vaut maintenant plus de cinq cents livres.

— Sir Lively, promettez-moi de ne traiter qu'avec nous et sur l'estimation de vos experts et des nôtres, et je vous livre sur-le-champ mille livres sterling.

— Oh! j'accepte, cette fois.

— Nous signerons demain le contrat. Voilà mon portefeuille; vous y trouverez mille livres, dont vous voudrez bien me faire un petit reçu pour la forme.

— Très volontiers; je reconnais toujours avoir reçu ce qu'on m'a donné.

— A quelle heure nous reverrons-nous demain?

— Je quitte Londres à l'instant, et vous me trouverez demain matin à dix heures, au *Lion-Rouge*, à Wycombe.

— Très bien ! et serrons-nous les mains, sir Lively.

— De tout mon cœur. Adieu.

VII

Dernier acte.

Au *Cheapside!* cria Lively à un cocher d'Hay-Market, et il ouvrit l'armoire du cabriolet *Patent-Safety*, et s'y blottit, serrant son portefeuille contre son cœur.

Le bonheur qui tombe comme la foudre est étourdissant comme le malheur; le bonheur étonne même davantage, parce que l'homme sage n'y compte jamais. Une fortune inespérée ne donne pas au cœur de soudaines extases, comme le croient les infortunés qui attendent; elle suspend les fonctions de l'esprit, et communique une sorte d'inquiétude; il semble que cette conversion subite du destin cache un piège, et qu'on va rebondir du haut de la roue, dans la fange où l'on végétait.

Je cours de rêve en rêve, se disait Lively, mais je crois que le dernier est beau. Je crois aussi que tout ce qui m'entoure ne dort pas, et que je vois parfaitement les objets au clair du soleil; il n'y a jamais du soleil dans les rêves. Je pourrais bien être parfaitement réveillé, quoique je n'aie pas dormi la nuit dernière.... Mon cabriolet court comme le vent.... il me réveillerait si je dormais.... Voilà bien Sommerset-House.... Voilà bien Sainte-Mary.... Voilà Saint-Clément, avec son joli clocher couronné de dentelles.... Voilà Temple-Bar....

Voilà l'église de Saint-Dunstan..... Voilà l'autre église Saint-Martin de *Ludgate-Street*.....Voilà Saint-Paul, noir à la tête et blanc aux pieds... Jamais rêve n'a été aussi exact; tout est bien à sa place.... je ne dors pas.... Voilà le coin de *Post-Office*, où j'ai quitté dimanche cette adorable femme... Voilà le Cheapside.... Oh! je suis réveillé! je suis riche! je suis heureux! Pardon, mon Dieu! j'ai douté!.... Dieu sauve l'Irlande!... Cocher! arrête-toi devant l'église de Bown.

Il donna sa dernière couronne au cocher, et courut à *White-Horse*. par des émotions ainsi graduées, il était arrivé au délire de la joie. Londres lui appartenait.

— Mon ami, dit-il à l'aubergiste, où trouve-t-on des chaises de poste toutes prêtes.

— A louer? dit l'aubergiste.

— Oui.

— Dans tous les *livery-stables*..... Chez

M. Cross, à *Whitcomb-Street*, elles sont excellentes, ou chez Newman, à *Regent's-Street*.

— Quel est le prix de la poste?

— Un shilling et demi par mille, et trois pences par mille aux *Bost-Boys*.

— Je donnerai le double... Ah! si ce bon Patrick n'avait pas vendu ses chevaux...

— C'est moi qui ai acheté les chevaux de Patrick.

— C'est toi!.... où sont-ils? les as-tu revendus?

— J'allais les revendre; je les avais achetés par complaisance, par amitié... par...

— Bien! bien!... vingt livres de bénéfice, et donne-les moi..... et vite, vite! la chaise de poste, les quatre chevaux de Patrick; mon cheval blanc de Wicombe à la portière, avec un domestique à livrée..... une demi-heure pour tout apprêter. Voilà vingt livres en sus, pour les premiers frais, et cinq livres de gratification pour toi...

Après avoir donné ses derniers ordres, Lively ne fit qu'un bond de *White-Horse* à l'église catholique, il se prosterna sur le pavé du temple, et pria devant l'autel d'une chapelle.... En levant les yeux, il vit un vieux tableau représentant un évêque, avec l'auréole des saints; au bas du cadre, on lisait: *Saint Alban, évêque et martyr de l'église d'Angleterre.*

— Grand saint! s'écria Lively; glorieux frère de Thomas qui fut assassiné sur les marches de l'autel de Cantorbery, c'est toi qui as intercédé pour moi auprès de Dieu; que ton nom soit béni!

Et il déposa cinquante livres dans le tronc de la chapelle : — Je les dois à l'homme, dit-il, et je les paie au saint.

Tout était prêt devant *White-Horse*, chevaux, chaise, postillon, domestique, piqueur. Lively s'élança dans la voiture, en criant:—A Wycombe! route d'Uxbridge! suivez le vent!

La chaise traversa Londres au vol; les chevaux de Patrick, agiles comme des hyppogriffes, foulant la route connue, et flairant leur maître dans l'air, laissaient, à chaque bond, des arpents de rue après eux. Londres, cette ville qui s'éternise et se perpétue en faubourgs, en cottages, en jardins, et arrache tous les jours une prairie à la campagne, Londres avait enfin expiré aux limites de son ambition; on eût dit que les chevaux lançaient des épigrammes contre le chemin de fer qui naissait sur la route de Birmingham. Onze heures sonnaient au clocher d'Uxbridge, et cette délicieuse ville aurait pu passer aux yeux de Lively pour un faubourg de Londres, tant l'espace intermédiaire avait été promptement dévoré! Voir Uxbridge et l'atteindre de leurs seize pieds, ce fut l'affaire d'un instant pour les chevaux; tout à coup, les intelligents animaux hennirent en quatuor, et s'arrêtèrent tout court sur le pont, comme si le pont avait eu cinq arches d'aimant. Un homme arrivait d'Uxbridge sur la tête du pont; c'était Patrick.— Mes chevaux! s'écria-t-il avec l'accent du désespoir, et il fit un mouvement pour se précipiter dans la rivière.— C'est moi, Patrick! s'écria Lively. A ce cri le cocher s'élança sur le parapet, et du parapet dans la calèche découverte : — C'est vous! vous! sir Lively, avec mes chevaux.

— Avec tes chevaux! ils sont rachetés! ils sont à toi!

— C'est donc un miracle, sir Lively!

— Un miracle de Dieu!

— Oh! sir Lively; mon frère n'est pas mon frère; il a refusé les cinquante livres. Dans une heure, la dame du cottage..... Il faudra revendre mes chevaux.

—Non, non, Patrick; je suis riche, je suis un lord; Dieu a jeté tout exprès pour moi une mine de houille dans ma pauvre colline. J'ai des millions. Le Lancashire est à moi!..... A Wycombe! à Wycombe! cria-t-il au postillon, et plus vite que jamais! Eh bien! Patrick, tu es immobile comme une statue; tu me regardes avec des yeux vitrés!.... Que veux-tu! j'étais arrivé à la limite du malheur, il fallait bien un changement.

—Vous avez des millions, sir Lively?

—Oui, mon ami, et tu vois que je ne suis pas plus fier..... L'industrie est une belle chose, n'est-ce pas?

—Une chose admirable, sir Lively.

—Et les chemins de fer! qu'en penses-tu? comme ils conduisent promptement un homme à la fortune!

—C'est vrai. Vive le chemin de fer!

— Je te ferai nommer inspecteur de l'embranchement....

— Et que fait-on quand on est inspecteur?

— Rien du tout.

— On inspecte cependant?

— Si on inspectait, on ne serait pas inspecteur. On reçoit deux cents livres par an, et on les mange à Londres. Ce métier te plaît-il?

— Et mes chevaux?

— Tes chevaux vivront en bourgeois, en rentiers: je leur achèterai une prairie à Witmore; ils brouteront jour et nuit, et regarderont passer les wagons.

— Vous arrangez tout...... Laissez-moi vous regarder, sir Lively... vous êtes beau comme le fils aîné d'un lord.... Comme la richesse change un homme!...... Vous avez six pieds, milord Lively.

— Patrick, connais-tu ces deux peupliers qui forment un W, là-bas, à l'extrémité de la route?

— Ce sont des peupliers comme les autres.

— Non, Patrick; c'est l'initiale de Wycombe dans l'air.

— Crevez mes chevaux! s'écria Patrick.

— As-tu gardé tes cent livres?

— Elles sont là, sur ma poitrine, et timbrées avec mon scapulaire.

— Ce M. Igoghlein est donc un chien...

— N'insultez pas les chiens, sir Lively!... J'ai fait proposer cent livres à ce démon de créancier, cent livres! les deux tiers de la dette! Il a refusé!

— Misérable!.... il aura tout, aujourd'hui, et la honte par-dessus le marché!... Voilà Wycombe!

— Je suis à vos ordres, mylord Lively.

— Porte ces cent cinquante livres à ton frère; il fera de l'obligeance à peu de frais.

Toi, tu m'attendras au *Lion-Rouge*... Je vais aller au cottage à cheval.

Jamais le paysage dessiné par la main de Dieu, dans cette campagne, n'avait paru plus beau à Lively. Son cœur se fondait de joie et d'amour. Quel obstacle pouvait-il craindre encore? La Providence lui traçait un chemin de fleurs. Sa pensée était pleine d'azur et de sérénité comme l'horizon. Il sentait en lui une satisfaction délicieuse; il y avait une fête dans son cœur.

Les abords du cottage étaient déserts et silencieux. Il descendit de cheval, avec inquiétude; ce calme l'effrayait. Il ne s'étonna point de trouver la porte fermée, parce qu'il présuma que, dans l'état de ses affaires, madame O'Killingham avait suspendu ses libéralités.

Un cri perçant qui partit de l'intérieur de la maison l'arrêta devant la grille du jardin. Tout-à-coup la porte s'ouvrit, et un homme qui lui était inconnu sortit en faisant un geste de menace.

— Madame, dit l'inconnu, la main à la poignée de la porte, puisque cela est ainsi, vous serez ce soir emprisonnée à *Surrey-Jail.*

C'est M. Igoghlein, dit tout bas Lively; et il saisit le bras du féroce créancier.

— Monsieur, lui dit-il, on n'emprisonne que les tigres à la ménagerie de Surrey. Allez à Wycombe, l'aubergiste Thomas Helyer vous paiera; prenez mon cheval, vous serez remboursé plus tôt, cela vous fera du bien, car vous paraissez bien animé.

— Qui êtes-vous, monsieur? dit Igoghlein.

— Que vous importe!.... Puisque je vous confie mon cheval, pour que vous alliez chercher vos fonds, que risquez-vous? de garder mon cheval.

— Est-ce mon père qui arrive? dit une voix éplorée qui sortait du cottage.

— Non, madame, dit Lively en entrant, tête nue, et les yeux baissés; c'est un de vos frères d'Irlande, le plus indigne, mais le plus dévoué; c'est sir John Lively, fils du noble Arthur O-Tooley, qui fut proscrit et condamné pour rébellion...

— Le fils d'Arthur O-Tooley! s'écria la dame du cottage; le fils d'un des martyrs de notre Irlande! Oh! soyez le bien-venu!

— J'ai juré de ne reprendre le nom de mon père que devant l'autel de Saint-Patrick, le jour que j'épouserai une femme catholique; car il est écrit dans les livres saints, que la *race des justes sera bénie.*

— Mais c'est bien vous, sir Lively, que j'ai vu dimanche, à Londres, dans notre église?

— Je priais pour vous, madame, et pour moi.

—Et quelle inspiration vous a conduit ici, au moment où cet infâme....

—On arrive toujours à propos quand on marche avec Dieu.... Madame, j'ignore les usages du monde, excusez-moi si je parle et si j'agis à l'inverse d'un homme de société. Je viens ici, comme Éliézer au bord du puits, vous apporter un collier et un anneau de mariage. L'homme qui a jeté les yeux sur vous est Irlandais, catholique, riche, et il vous aime comme on aime dans le ciel.

La belle Irlandaise regarda fixement John Lively, avec des yeux pleins de larmes; et le jeune homme, debout, les yeux baissés, attendait une réponse, sans impatience et résigné.

—Je suis veuve depuis trois ans, dit-elle d'une voix sanglotante, et je puis disposer de ma main, sir John Lively; mais j'ai consacré mon existence à mon père;

les malheurs de l'Irlande ont tellement altéré sa raison et sa santé, que sa fille seule peut lui donner des consolations et le servir. Je cesse d'être sa fille si je prends un époux.

— Non, madame, dit vivement Lively, votre père aura un enfant de plus.

— Sir Lively, écoutez-moi... Nous vivons dans un temps de persécution qui me permet de laisser en oubli quelques-unes des convenances sociales; il suffit d'ailleurs que vous soyez un bon et fervent catholique, et le fils d'un confesseur de notre foi, pour que je vous regarde déjà comme une ancienne connaissance, comme un frère. D'un autre côté, vous vous êtes présenté si noblement à moi, votre figure m'inspire tant de confiance, que je crois devoir vous tenir le langage d'une sœur. Peu de jours se sont passés depuis trois mois sans que je ne me sois effrayée, en disant ma prière du soir, de mon isolement et de ma faiblesse. Je défends mon père, et personne ne me défend. Je suis depuis trois mois exposée à l'insulte du passant, comme le peuplier du chemin. Tantôt encore... oh!... je n'ose achever... un infâme... m'a proposé de déchirer ma créance.... et à quel prix!!!

— Comment, madame! ce misérable....

— Écoutez, écoutez sir Lively..... Dieu vous a envoyé à mon secours... l'infâme a osé porter ses mains sur moi! Il s'est arrêté au bruit de vos pas....

Lively ferma sa main droite, et y appliqua ses dents avec un râle sourd.

— Sir Lively, point d'idée de vengeance; priez pour lui...... Et s'il était seul!......
Mais, il y a là-bas un château qui recèle des êtres abominables: on a su que le malheur m'accablait, on m'a fait des offres impies..... Sir Lively, j'ai vendu hier ma dernière robe, ma dernière bague.

Lively fondait en larmes.

— Et j'ai rapporté au cottage une bouche pure qui pouvait prier. Sir John Lively, mon frère, voulez-vous être mon protecteur?

Lively fit un effort pour parler.

— Votre protecteur, madame.... votre protecteur?

— Acceptez ce titre, sir Lively, vous vous en applaudirez un jour.

Lively étendit la main sur la tête de la belle Irlandaise.

— Madame, dit-il, je dormirai aux étoiles sur le seuil de votre maison.

— Donnez-moi votre main, sir Lively. Vous êtes un digne Irlandais.

— Me permettez-vous, madame, de vous faire une question que je crois fort naturelle. Puisque vous avez été si souvent exposée, dans ce désert, aux insultes des hommes, pourquoi ne vous êtes-vous pas réfugiée dans les villes?

—J'attendais cette question, et je vais vous répondre..... pourvu que nous ne soyons pas interrompus par les huissiers de cet infâme...

— Madame, il est payé...

— Qui l'a payé? Vous, sir Lively?

— Madame... je...

— Vous ne savez pas mentir; c'est vous!.. Au moins, je n'en rougis pas... Sir Lively, vous m'avez sauvé bien plus que l'honneur, vous avez sauvé la vie de mon père! C'est maintenant que je dois répondre à votre question. Écoutez; c'est un secret que je vous confie, et je ne l'ai confié qu'à vous. Le 24 mars dernier, nous allions de Londres à Chester, mon père et moi, en chaise de poste. Nous venions de vendre les débris de notre fortune. Mon père était mourant. Minuit sonnait à Wycombe, lorsque nous passâmes là, devant ce cottage. Je dormais; mon père me réveilla en saisissant ma main convulsivement. A la lueur de nos lanternes, je le vis pâle comme un cadavre: il venait de vomir le sang. Jugez de ma terreur. « Ma fille, me dit-il, j'ai soif, je meurs de soif; une goutte d'eau fraîche me sauve la vie. » Je m'élance sur la grande route; je regarde dans les ténèbres et je ne découvre qu'une plaine immense et sans habitations. « Oh! m'écriai-je, ma vie pour un peu d'eau! » et tombant à genoux, je fis un vœu à Notre-Dame-des-Sept-Douleurs; je lui jurai, si elle sauvait mon père, de donner à boire à ceux qui avaient soif, et de recevoir, là, pendant tout un été, et dans mes habits de fête, les pauvres, qui sont les amis de Dieu.

Lively tomba aux genoux de l'Irlandaise.

—Écoutez, sir Lively: je ne sais si la

Vierge m'envoya un ange, mais un voyageur passa, portant à sa ceinture une outre pleine d'eau qu'il venait de puiser à la fontaine de Wycombe; mon père y puisa la vie, et le voyageur disparut. Le lendemain j'achetai ce terrain, je fis bâtir ce cottage, je me revêtis de ma plus belle robe, et je commençai mon œuvre de miséricorde. Que m'importaient les railleries, je savais que Dieu était content de moi. Hélas! mes ressources se sont épuisées; j'avais trop présumé de ma pauvre richesse. J'ai succombé à mi-chemin de mon vœu. Dieu me pardonnera.

Et elle leva ses yeux au ciel; Lively recula de respect; il crut voir un ange qui remontait vers Dieu.

—Dites, sir Lively, croyez-vous que dans une position si étrange une pauvre femme puisse penser au mariage?

—Non, madame, vous avez un vœu à

remplir, et vous devez le remplir jusqu'au bout. Malheur à moi, si je jetais encore un mot profane, une idée mondaine dans votre sainte mission. Sir John Lively sera votre second ange gardien; il veillera sur vous, les yeux ouverts, la main haute, la prière aux lèvres et dans le cœur; jamais, dans les trois mois qui vont suivre, il ne troublera d'un regard la sérénité de votre asile; John Lively en fait vœu, et il unit ce vœu au vôtre. Continuez, sainte femme, a donner une goutte d'eau et un sourire à ceux qui souffrent, sans leur demander leur nom et le nom de leur Dieu.

Puis, tirant son portefeuille de sa poche, il ajouta :

— Puisque vous m'avez confié votre secret, permettez, madame, que je m'associe à vos bonnes œuvres; voilà pour les pauvres.

Et il déposa son portefeuille sur une table.

— Je l'accepte, dit la belle Irlandaise émue aux larmes, je l'accepte de mon frère catholique, et de mon fiancé devant Dieu.

Sir John Lively tint son serment; et la belle veuve remplit son vœu. Trois mois après, les cloches de Dublin sonnaient à toutes volées. On célébrait le mariage du millionnaire John Lively avec la pauvre Irlandaise du cottage. Dieu avait fait un miracle, et l'Irlande espéra.

ural D'ANDUZE.

I

L'an dernier, au mois d'octobre, je dînai à l'hôtel du Luxembourg, à Nîmes, avec un de mes amis qui me raconta longuement les aventures de son compatriote Ulric d'Anduze. Ce récit m'est revenu à la mémoire, l'autre soir, sur le boulevard Italien, parce qu'il faisait très-chaud, et que nos élégants du café de Paris arro.

saient galamment le pavé avec des caraf-
fes frappées à vingt degrés au-dessous de
zéro. Cet arrosement et cette chaleur
n'ont rien de commun avec mon récit,
mais la mémoire ne joue jamais que de
ces tours-là. Mon histoire est historique,
contre l'usage des histoires; je n'aurais
pas mieux demandé que de l'avoir inven-
tée : heureux ceux qui inventent, le
royaume du mensonge leur appartient!

La soirée était fraîche, sous les beaux
arbres de *la Fontaine*, cette belle promenade que Nîmes vendrait cent millions à
Paris, si Paris pouvait l'acheter. Le premier soleil de juin 1836 tombait à l'horizon du Rhône; quelques familles de riches oisifs vaguaient nonchalamment devant les *bains de Diane*, ruine solitaire,
pleine du vieux parfum romain. Deux
jeunes gens causaient ensemble, séparés
d'une société de dames à laquelle ils pa-

raissaient appartenir. L'un se nommait Ulric d'Anduze, l'autre Durand, comme presque tous les Nîmois.

Ulric d'Anduze, né dans les Cévennes, a reçu une de ces éducations qu'on appelle incomplètes; il n'a jamais connu le collége royal, et n'a pas payé son tribut d'enfant à l'Université; il a été élevé dans le manoir paternel par un professeur complaisant qui tenait ses classes au bord des petits ruisseaux et dans les bois de chênes. Lorsque l'écolier eut atteint l'âge de seize ans, son professeur donna sa démission entre les mains de M. d'Anduze père. Ulric profita de quelques lambeaux de grec, de latin et de français, que son professeur lui avait laissés par mégarde, pour se vouer à des études solitaires qui charmaient ses ennuis. Il lut et pensa beaucoup. A l'âge de vingt-quatre ans, il hérita de la fortune de son père, et avait abandonné ses montagnes pour faire connaissance avec les villes : il apportait à la société un cœur neuf, une indépendance de montagnard, un trésor de passions vagues, une rudesse d'éducation vernissée par la lecture des poètes; âme noble dans un corps bien sculpté. Son professeur l'ayant rencontré à Nîmes, lui dit : « Vous êtes un très-bel homme, mon enfant, *sed manent vestigia ruris.* »

—Te voilà donc marié! disait Durand à Ulric, je t'en félicite.

— Ce sera fait dans huit jours, répondit Ulric.

—Il me semble que tu as soupiré.

—Eh! mon ami, c'est mon habitude; je soupire toujours. Que veux-tu? C'est une affaire, un mariage. Nous avons été chez le notaire aujourd'hui.

— Les préliminaires du mariage sont amusants, n'est-ce pas?

— Quels préliminaires?

— Eh bien! le notaire, les emplettes, les cadeaux, la publication des bans; que sais-je, moi!

— Oh! tout cela est très amusant! le notaire nous a tenus quatre heures devant son bureau, et nous n'avons pas pu signer le contrat aujourd'hui; il manquait une pièce : il manque toujours une pièce. Le beau-père est un ancien fabricant relié en veau comme son grand livre; il a un million, et fait des chicanes pour cent sous; il prétend qu'en affaires cela doit être ainsi. Moi, j'ai ma terre de Saint-Hippolyte, qui n'est pas encore purgée, dit-on, de ses hypothèques légales; trois heures, ce mot d'hypothèques m'a déchiré l'oreille droite que j'avais prêtée au notaire pour économiser la gauche. Hypothèques! hypothèques! J'ai envoyé un courrier à Saint-Hippolyte pour demander au conservateur un certificat de dégrèvement. M. Chartoux, mon beau-père, ne veut rien conclure sans ce certificat. Que diable! il sait bien que j'ai trente mille francs de rente! Et puis, je ne lui demande rien, moi, pour sa fille; c'est lui qui s'obstine à vouloir me donner cent mille francs. Qu'il garde ses cent mille francs, et qu'il me donne Myrrha.

— Elle se nomme Myrrha, ta future?

— Elle se nomme Marguerite; mais c'est un nom qui n'en finit plus : on perd haleine en le prononçant, Je l'ai baptisée Myrrha : c'est la Marguerite des Babyloniens. Au diable les beaux-pères, les belles-mères et les notaires! ils jettent de la glace à pleins seaux sur tout. Me conçois-tu, moi, en présence de cette collection de nénuphars vivants? moi l'homme de la passion désintéressée? moi, l'artiste, le poète, le fou, si tu veux, qui ne cherche dans la femme que la femme? moi qui n'ai demandé au mariage qu'un long rendez-vous où je puisse parler d'amour en toute sécurité, sans craindre toutes les épées de Damoclès que les intrigues promènent sur les têtes des amoureux? Je suis là, tout amour et poésie, attaché à la bordure de cette robe, suspendu à ces belles boucles de cheveux. « Halte là ! me crie ce beau-père; donnez-moi votre certificat d'hypothèques légales. » C'est comme si le pôle me coiffait!

— Eh bien! mon cher Ulric, il n'y a qu'à donner le certificat.

— Oui, prose que tu es, il n'y a qu'à le donner; c'est bientôt dit; tu ne sens pas tout ce qu'il y a de désenchantement au fond?

— Non.

— Tant mieux!.... Oh! regarde-la marcher devant nous, Myrrha! Elle glisse

comme un rayon! Que ce mantelet de
tulle est gracieux sur ses épaules! Qu'il
est doux le son de cette voix qu'elle laisse
tomber langoureusement en arrière, afin
que je la recueille dans l'air! Oh! laisse-
moi la suivre; mes pas sur ses pas; je veux
boire cet air qu'elle déplace; je veux
baiser ces branches qui tremblent encore
d'une caresse de ses doigts; je veux m'é-
vanouir de bonheur sur ce sillon qu'elle
trace dans l'atmosphère, et qu'elle em-
baume de son haleine de vierge! soirée
ravissante! Ces belles ruines, ces galeries
souterraines pleines d'ombre et d'eau vive,
ces murs antiques où le lierre tremble,
ces balcons qui se mirent dans la fontaine,
ces arbres qui chantent avec les rossignols,
tout cela serait incomplet et sans sa voix,
si une pensée d'amour ne courait pas dans
ces ombres, ces dans eaux, dans ces rayons,
dans ces ruines, partout. Oui, j'ai vu les

mêmes choses, dans de beaux tableaux, des tableaux qu'on regarde avec des larmes aux yeux, le sourire à la bouche, l'amour au cœur.

Il y a de belles dames qui marchent avec langueur sur des terrasses de marbre, et de jeunes seigneurs qui suivent, et un escalier qui descend au lac et aux gondoles, et par-dessus de beaux arbres arrondis en parasol. Ces charmantes scènes se passaient devant le lac de Como, ou sur la Brenta, ou à Villa-Pamphili, quand la volupté courait l'Italie en robes de brocard, et que pas une flamme d'amour tombée du soleil n'était perdue pour la terre. Aujourd'hui ces tableaux morts ressuscitent pour moi ; mon âme se fond de plaisir !...

— Ulric, mon ami, gagne à gauche de ton tableau, le beau-père a une idée, il marche sur nous... il n'est plus temps, tu vas le subir.

M. Chartoux avait déjà pris le bras d'Ulric.

— Mon cher gendre, lui dit-il, êtes vous bien sûr qu'il y ait une conservation d'hypothèques à Saint-Hippolyte?

Ulric tomba des nues; et du bout de sa botte il fit des croix sur le sable de l'allée. Le beau-père continua :

— Réfléchissez, mon enfant; je crois que vous avez fait une étourderie; nous étions là, occupés à parler affaires avec madame, et elle m'a dit : Mais il n'y a point de bureaux...

— C'est bien! c'est bien! dit assez brusquement Ulric; attendons le retour de mon courrier.

— Attendons; soit. Mais vous verrez; le conservateur d'où ressort votre terre est à Montpellier ou à Nîmes; si c'est à Nîmes...

— Attendons le courrier.

— Attendons le courrier. Si c'est à Nimes, c'est M. Bressan qui vous expédiera, lui ou un autre; je les connais tous. Si c'est à Montpellier, oh! alors...

— Ne pensez-vous pas que nous ferions bien d'attendre le courrier.

— A la bonne heure, mais on peut toujours parler de ses affaires; vous autres, jeunes gens, vous marchez à l'étourdie; vous n'entendez rien aux affaires; vous regardez le mariage comme un amusement : ce n'est pas un amusement le mariage, mon cher Ulric. On a beau être riche, quand les marmots arrivent, on est pauvre : il faut acheter une charge de notaire à celui-ci; il faut faire une dot à celle-là; c'est le diable que d'établir ses enfants....

— Nous n'en sommes pas encore là, monsieur Chartoux.

— Vous y serez dans quatre jours. Si vous saviez comme le temps passe! Ah!...

à propos, avez-vous trouvé cette pièce ?...
l'extrait mortuaire de M. votre père ?

— Eh! mon pauvre père est mort à la bataille de Brienne, tout le monde le sait !

— C'est possible, mais enfin, il faut le certificat. Avez-vous écrit au ministre de la guerre ?

— Oui, depuis dix jours.

— Vous devriez avoir la réponse. Connaissez-vous quelqu'un aux bureaux de la guerre ?

— Non, monsieur.

— Tant pis ; il aurait fallu connaître quelqu'un...

— Il me semble qu'on pourrait bien se marier sans toutes ces formalités ennuyeuses...

— Ah! voilà encore le jeune homme ! mais comment voulez-vous que nous passions au contrat, s'il nous manque une pièce? voyons! soyons raisonnables; mettez-vous à la place du notaire; j'en appelle à M. Durand; le notaire ne vous connaît pas....

— Le notaire me connaît; nous sommes amis d'enfance.

— Distinguons; l'ami vous connaît, l'officier public ne vous connaît pas : est-ce raisonné?

En causant ainsi, ils avaient gravi le sentier en spirale qui conduit à la Tour-Magne. Ulric n'avait pas écouté les dernières paroles de M. Chartoux; il embrassait déjà, de ses regards d'artiste, le magnifique panorama que le soleil couchant dorait de sa lumière horizontale. Il contemplait cette Rome française qui nageait à ses pieds dans les vapeurs transparentes d'une soirée de printemps : la blancheur des édifices modernes se détachait sur de sombres ruines éparses, noircies par le volcan sarrasin ; à la limite opposée de la ville, s'arrondissait l'amphithéâtre romain, échancré par les dents du ravageur, et respirant à l'aise, au milieu des fabriques bourgeoises qui s'étaient retirées, à l'écart, dans un saint respect. Devant la colonnade du théâtre moderne, s'abaissait avec orgueil l'attique de la Maison-Carrée, ce diamant qu'un empereur mit au doigt de la cité gauloise, et qu'il avait fait tailler à l'image des temples d'Auguste à Pola, de la Fortune virile à Rome, de Vénus à Vernègue. A droite, l'horizon était fermé de montagnes bleues, ondulées comme leurs sœurs de Tivoli et d'Albano et fécondes aussi en carrières monumentales et en sources d'eau merveilleuse qui demandent des arcs de triomphe pour aqueducs.

La société s'arrêta au pied de la grande ruine romaine, qui sert aujourd'hui de piédestal à un télégraphe, et qu'on nomme la Tour-Magne. M. Chartoux contemplait le télégraphe, et cherchait gravement le mot de l'énigme que ses bras convulsifs jetaient aux intelligences de l'air. Les dames tâchaient de découvrir le toît de leur maison. M. Durand causait avec mademoiselle Myrrha, sur la fabrication des étoffes de Nîmes. On chercha Ulric d'Anduze. Il avait disparu : on l'attendit vainement jusqu'à la nuit.

— Il doit avoir vu passer son courrier, dit M. Chartoux ; il veut nous faire une surprise : nous aurons la pièce du notaire ce soir. Allons chez nous.

Cette explication satisfit tout le monde, on se dirigea vers la ville ; la nuit tombait.

Quelques heures après, Durand, qui cherchait Ulric, le rencontra devant les Arènes ; il se promenait mélancoliquement.

— Ne me fais point de question, dit Ulric. Je crois qu'il y a sur le globe de la place pour tous, excepté pour moi et quelques autres. As-tu trouvé la tienne, toi, Durand?

— Mais, oui, je suis casé.

— Oui, tu es casé, comme le pion sur l'échiquier; au moindre mouvement qui se fait derrière toi, tu tombes le front contre le carreau; et personne ne te plaint. On dit: C'est un pion.

— Moi! point du tout; je suis content de mon sort; je prends le monde comme il est. J'ai une femme que j'aime tranquillement, et deux enfants qui m'amusent; je travaille le jour, et je me promène le soir.

— Diable! te voilà dans une fameuse position!

— Mais, de quoi te plains-tu, toi, Ulric? Il me semble que ta part de destin est assez bonne. Est-ce la faute du monde, si à ton âge, tu es déjà arrivé au dégoût, sans avoir passé par le plaisir? Tu me rappelles l'histoire du comte Gérard.....

— Qu'est-ce que ce comte Gérard?

— C'est un chevalier du treizième siècle, qui....

— Oh! laisse là les antiquités modernes, mon ami. Que penses-tu de M. Chartoux?

— C'est un honnête homme, M. Chartoux.

— Eh! tout le monde est honnête homme! il est bien question de cela. Sais-tu qu'il est cruel d'épouser cet honnête homme par-dessus le marché!

— Mais je crois que tu n'as pas besoin de lui.

— Mais lui a besoin de moi; c'est une ombre qui va me suivre partout; et quelle ombre! Tu ne saurais dire la révolution qui se fait en moi, lorsqu'il arrive avec son habit bleu, son éternel gilet blanc, et surtout avec sa figure qui est une parodie de la figure de Myrrha. Parole d'honneur, je me sens défaillir devant lui. Que sera-ce quand je serai marié!

— Tu voyageras.

— Il me suivra. Tu as un beau-père, toi, Durand?

— J'en ai deux : un beau-père et une belle-mère.

— J'entends. Et qu'en fais-tu?

— Ils meublent le salon; j'aime la société.

— Ah! tu te résignes à tout, toi; je ne me résigne à rien, moi.

— Le bon sens viendra.

— Je suis donc fou?

— Non; mais tu tournes au comte Gérard...

— Ah! voilà le comte Gérard, encore!... Voyons, pour me consoler, parle-moi un peu de Myrrha. Comment la trouves-tu?

— Ravissante? je l'ai dit cent fois.

— Crois-tu qu'elle m'aime?

— Je le crois; pourquoi ne t'aimerait-elle pas?

— Il faut que je t'avoue que je ne la trouve pas très empressée autour de moi.

— Ah! c'est naturel; une jeune fille est toujours timide...

— A la veille de se marier?

— Sans doute.

Ce n'est pas ce qu'ils disent partout dans les romans, dans les vaudevilles, dans les opéras... Il y a une idée qui me tue, mon ami; je ne trouverai jamais une femme qui s'élève à l'unisson de mon amour, qui me rende ce que je lui donnerai : je fais un métier de dupe. Il faut donc que je traverse la vie, toujours prêt à me jeter corps et âme dans une passion, et sans en retirer d'autre bonheur que ce que les convenances, l'éducation, les préjugés conseilleront de me donner en échange!

— Attends, attends pour te plaindre; c'est le premier pas que tu fais dans le monde, et tu te révoltes déjà contre l'inconnu !

— Oui, j'ai vécu jusqu'à l'âge de vingt-quatre ans dans mes Cévennes; je me suis livré au monde depuis un an, je crois. Il faut moins de temps pour connaître le monde; je n'y serai pas heureux, c'est sûr. Tous mes jours sont pleins de lacunes; j'achète pour des heures d'ennui quelques minutes de bonheur, et quand ce bonheur vient, ce bonheur après lequel j'ai tant soupiré, le bonheur d'être assis auprès d'une jeune fille et de lui parler d'elle, jamais rien n'arrive comme je l'avais prévu : je ne dis pas ce que je voulais dire, on ne me répond pas ce que j'attendais. J'accours avec des trésors d'amour dans le cœur; et je m'aperçois qu'insensiblement mon cœur se resserre, et que je n'ai rien à dépenser de ce monde d'idées que j'apportais à ses genoux. Il se fait autour de moi un bruit de paroles auxquelles je suis étranger; on parle une langue que je ne comprends pas. Elle-même, la pauvre fille, reste emprisonnée dans le cercle des banalités bourgeoises; jamais un élan ne l'emporte vers cette région idéale, où mon esprit l'appelle à un chaste rendez-vous. Nous sommes assis, ses mains dans les miennes, mes yeux dans les siens; il y a tout un monde entre nous deux!

Ulric se tut et prit le bras de son ami. Ils se promenèrent long-temps encore autour de l'amphithéâtre; on n'entendait d'autre bruit que le vent qui tourmentait les couronnes de lichen et de saxifrages suspendues aux issues des vomitoires, et le hennissement des chevaux alignés devant les loges ruinées des édiles et des consuls. Le silence qui règne, la nuit, autour des monuments antiques, est plus bruyant que le fracas de la tempête sur les grèves de la mer, ou le murmure de la foule sur le pavé des grandes villes. Ces portiques béants ont des voix qui racontent les lamentables histoires du passé. La nuit interroge les ruines; elles répondent à la nuit: elle sont muettes le jour.

— Sonne à la porte du concierge, dit Ulric; fais-toi reconnaître, et entrons à l'amphithéâtre : nous nous consolerons mieux, assis sur ces ruines, que sur des fauteuils de velours; n'est-ce pas?

Le concierge ouvrit la grille, et ils entrèrent dans les Arènes.

Asseyons-nous là, dit Ulric, devant la loge des courtisannes; nous occupons un gradin qui fut bien recherché autrefois par la jeunesse des Gaules : personne ne nous le dispute aujourd'hui. C'était un heureux temps ! la vie était large : elle vous emportait avec un énivrement qui ne permettait pas la réflexion. L'homme s'est bien rétréci depuis ; alors, il lui fallait des lambaux de montagnes, pour escabeaux ; des voiles de pourpre, pour parasols ; un peuple de courtisanes nues, pour écharpes à ses amphithéâtres ; les rugissements de tous les monstres de Barca, pour orchestre à ses drames. Oh ! c'était vivre cela ! L'ennui et la mélancolie sont deux inventions modernes ; c'est au milieu de ces ruines qu'on découvre cette vérité. Nous sommes devenus si mesquins ! Nous avons de petits théâtres, de petits boudoirs, de petits repas, de petits amours ; on écrirait sur l'ongle le programme des plaisirs que nous recevons au berceau. Dans la société qu'on nous a faite, il n'y a de place ni pour la vertu ni pour la corruption; on se débat au milieu d'une civilisation étriquée et fade, avec un code de morale bâtarde qui n'est ni la religion ni l'impiété. Les travailleurs s'applaudissent de tuer le temps; les riches et les oisifs traversent les villes, la bourse à la main, demandent des émotions en échange de leur or, on prend l'or, et on ne leur donne rien. Tout est compassé dans l'existence; on tire nos sensations au cordeau; un notaire enregistre nos voluptés et les numérote; un père vous marchande le lit nuptial de sa fille : il cote l'extase, il tarife la passion; un huissier allume les flambeaux d'hyménée avec du papier timbré; on a pris au sérieux cette bouffée épileptique qu'on appelle la vie, et on l'a divisée en je ne sais combien de compartiments dans les cartons de l'état-civil. C'est bien misérable, tout ce qu'on nous a fait là.

Ulric souriait avec amertume, en égrenant un bloc de ciment romain.

— Te voilà dans de singulières dispositions pour le mariage, lui dit son ami; tu regardes le monde du haut de quinze siècles : il faudra te faire bien petit pour te mettre à sa hauteur, maintenant. Jeune, riche, bien fait, tu te donnes autant de peine pour être malheureux qu'un autre pour arriver au bonheur. Comment t'es-tu avisé de devenir amoureux, pauvre Ulric?

— Que veux-tu? c'est une fatalité! Je me suis trouvé sur le passage d'une jeune fille, et j'ai perdu ma raison. Je suis sage à cette heure; demain je serai insensé. Une passion inexorable m'emporte, et je sais bien ce qui m'attend au bout. Quand tous mes sacrifices seront consommés; quand elle aura jeté à mon cou, cette femme, ses belles chaînes de cheveux blonds, je dirai, moi, en croisant mes mains par-dessus ma tête : Comment! ce n'est que cela?

— Peut-être!

— Oui, je le dirai; je suis dans ce moment dans mon intermittence de raison : laisse-moi raisonner. C'est mon dernier jour de liberté. J'ai voulu monter bien haut, cette nuit, afin de tomber plus bas et de profiter de l'étourdissement de ma chûte pour mettre ma bague au doigt de l'épouse, oh ! si je pouvais revenir en arrière.

— L'honneur! Ulric! l'honneur.....

— L'honneur! mais est-ce que j'ai compromis cette femme? Elle me tient à distance comme un excommunié; elle m'a donné l'autre soir le bout de son gant à baiser, et a fait sonner bien haut cette faveur. Lorsque je l'entoure, moi, d'une atmosphère d'amour, lorsque la flamme rougit mon front, et que mes paroles tombent de mes lèvres comme des étincelles, son âme reste calme et sa figure sereine. Je ne connais les femmes que par les livres. Oh! les livres les ont bien calomniées, si elles ressemblent toutes à Myrrha! Je puis l'abandonner demain; pas un pli de sa robe virginale n'a été froissé!

— Mais tu ne l'abandonneras pas?

— Eh! ne serai-je pas encore à ses genoux demain! Oui, demain, on danse au château de Remoulens; ce sera un beau bal, une belle nuit! Je viens prendre des forces, ici, dans cet air puissant, où planent peut-être des ombres héroïques; je ne veux pas la secouer sur le seuil de la fête, cette poussière qui s'attache à mes pieds! nous verrons demain... Mon ami! mon ami! regarde, là, de ce côté, à droite, il y a un portique noir qui encadre la constellation d'Orion; descends plus bas; il y a un pan de mur écroulé, enveloppé de lierre; tu distingues, par cette brêche, un angle du Palais; et un peu plus loin, une vitre qui brille comme une grande étoile : c'est la chambre de Myrrha, devant l'Esplanade.

— Elle veille, la belle enfant!

— Elle dort! elle dort avec la tranquillité d'un ange! C'est sa lampe qui veille! Tu verras comme son teint sera rose à son lever. La jalousie seule trouble le sommeil des femmes; l'amour jamais.

— Oh! tu perds la raison, Ulric; la jalousie, c'est l'amour.

— La jalousie, c'est l'amour-propre blessé; l'amour, c'est la passion jamais satisfaite.

— Je ne comprends pas.

— Ma distinction est claire pourtant.

— La nuit tout est obscur pour moi.

— Je te la répèterai à midi.

Durand se leva, et tendit la main à Ulric.

— Tu pars, dit Ulric ; c'est bien, moi je reste.

— A demain au bal. Il faut que je parte pour Arles de bonne heure : à demain.

— A ce soir, plutôt ; nous sommes à demain, déjà.

Ulric se coucha sur le gradin, les yeux tournés dans la direction de la vitre lumineuse ; il contempla long-temps encore, du haut de son observatoire, cette étoile qui ne brillait que pour lui.

Le vent pleurait dans les panaches d'herbes qui suivent les broderies des corniches : de nocturnes harmonies couraient le long des corridors circulaires, et se prolongeaient en échos infinis. Chaque frémissement de l'air donnait une commotion mélodieuse à cet immense clavier de ruines. La pierre, la feuille, le grain de sable, l'insecte, l'oiseau, tout avait une plainte à conter à l'invisible divinité du lieu. Dans les intervalles de silence, on pouvait entendre le sourd travail du temps qui minait les assises de granit, et l'atôme de poussière qui tombait sur le brin d'herbe, et prenait sa place dans le trésor que chaque siècle expirant lègue au siècle qui commence. L'aube jeta sa teinte vaporeuse dans l'édifice, et lui donna un caractère de désolation incomparable. Les hautes murailles opposées à l'horizon du levant conservaient la double obscurité de la nuit et de l'incendie sarrazin ; ailleurs le monument semblait se dépouiller d'un suaire, et préparer au jour le spectacle de ses grandes pierres, semblables à des tombes bouleversées par un ouragan. Au milieu du cirque, et levant les yeux au ciel, on peut croire alors qu'on habite le fond du cratère d'un volcan épuisé par les éruptions et qui n'a plus de lave à verser aux campagnes, plus de fumée à jeter à l'air; mais, au lever du soleil, la ruine se révèle dans son auréole romaine; l'artiste s'incline de respect devant cet art puissant qui découpa ses voûtes; qui arracha tant de blocs à la montagne, les jeta sur la plaine et les fit remonter aux cieux, comme ces sources d'eau vive qui, tombées du réservoir natal, reprennent agilement leur niveau : à tant de grandeur et de majesté s'allient encore une grâce, une suavité de contours, une ondulation harmonieuse de formes, qui satisfont les yeux, comme les vers antiques ravissent les oreilles. Et quel est le prodigieux architecte qui tailla cette œuvre, en passant sur la terre des Gaules? On ne le sait pas. Glorieuse abnégation d'artiste! la gloire de l'œuvre n'appartient qu'à Rome. Allez voir la signature de la ville éternelle ; elle luit au soleil levant, sous son aigrette de lierre : c'est la louve allaitant les gémeaux !

Ulric jeta un dernier regard autour de lui, et souriant avec rage, il dit tout haut à la ruine : « Allons voir si la pièce des hypothèques est arrivée chez le tabellion ! »

II

A peu de distance du joli village de Remoulens, sur la rive gauche du Gardon, on trouve une de ces charmantes maisons de campagne, que l'orgueil bourgeois des propriétaires a érigées en châteaux; c'est une de ces oasis délicieuses, comme le midi en fait tant éclore, à l'écart, loin des grandes voies poudreuses. Le voyageur du nord qui traverse nos contrées méridionales, et observe la nature en chaise de poste, entre deux haies d'oliviers blanchis par la vieillesse et par la poussière, ne soupçonne pas l'existence de ces fraîches et calmes retraites, où les fontaines chantent, où les peupliers tremblent au vent du solstice, en s'élançant comme des flèches d'église au-dessus du dôme des marronniers. C'est là que la nature ardente conseille les passions extrêmes; c'est là que l'amour et la haine ont l'énergie du tison. Autour de ces résidences, la plaine brûle, l'herbe se fane, le roseau s'effeuille et jaunit dans le marécage, la fleur s'incline vers le ruisseau, les blés ondulent comme des vagues dorées; mille parfums irritants que la terre exhale sous l'embrâsement du soleil courent dans cette atmosphère, où chaque atôme est une paillette de feu. Le démon de midi, caché dans les bois de pins, secoue partout sa torche de résine, et l'homme qui vient demander un asile à ces oasis aux ceintures de flammes, regarde si quelque ravissante image, créée par le désir, ne vient pas s'asseoir, langoureuse, auprès de lui.

Le lendemain de sa visite aux arènes, Ulric se dirigeait à cheval vers le château de Remoulens; quand il passa devant le cadran solaire de l'auberge de Lafoux, l'ombre marquait midi. Il traversa le pont suspendu, et ce ne fut pas sans un vif serrement de cœur qu'il entra dans l'allée de mûriers qui conduisait à la propriété de M. Chartoux. Sur la terrasse, les paysans faisaient des préparatifs de fête; on plaçait des lampions sur les cordons saillants du château; on sablait le quinconce; on hissait des tentes au sommet des arbres; on disposait avec symétrie, devant la façade, les vases de lauriers-roses et d'orangers.

Ulric avait été aperçu par son futur beau-père, qui vint le recevoir dans le vestibule et lui serra la main en disant : — Eh bien ! avons-nous la pièce ?

— Nous avons la pièce, répondit Ulric ; et il tira de son portefeuille une double feuille de papier timbré qu'il remit à M. Chartoux.

Ulric jeta un coup d'œil rapide dans les salons ; il ne vit que deux raquettes et un volant sur le plancher.

M. Chartoux lut la pièce et la serra soigneusement. — C'est très bien, maintenant, dit-il, nous sommes en règle ; il ne nous manque plus rien... Si, si, il nous manque encore quelque chose !

— Encore une pièce ! s'écria Ulric consterné.

— Non, non, il nous manque un invité pour rendre la fête complète ; il nous manque mon fils Silvestre.

— Eh bien ! nous l'attendrons.

— Oh ! oui, l'attendre ! il est en Afrique, le drôle ! Mauvaise tête qui veut être soldat et qui s'est brouillé la cervelle avec un tas de bulletins de l'Empire que j'avais dans mon grenier. Il est maréchal-des-logis dans les chasseurs ; il m'a écrit l'autre jour qu'il voulait tuer chose, comment l'appelez-vous ? le grand-Turc des Arabes... et qu'après il viendrait manger le veau gras. Il n'a que vingt ans, l'enfant ! ça changera... Vous êtes distrait, mon beau-fils... Vous craignez la chaleur ; passons au salon... Je veux vous faire rafraîchir ; ces dames sont à leur toilette ; elles vont descendre ; elles étaient en négligé ; elles ont entendu votre cheval, elles ont disparu. Vous connaissez les femmes.

M. Chartoux se mit à rire avec ce fracas qui veut faire violence au sérieux des autres. Ulric garda son silence et sa gravité; il entrait dans le salon où tout lui rappelait Marguerite, la broderie négligemment abandonnée au dossier d'un fauteuil, le bouquet de roses effeuillé devant la vitre, la partition de *Robert* ouverte à l'air de *Grâce*, un mouchoir de batiste oublié sur le tabouret de piano ; Ulric laissait errer et mourir ses regards sur toutes ces choses aimées, pleines de ce parfum que laisse l'orange aux feuilles qu'elle toucha. Il respirait avec délices l'air de ce salon, où la douce haleine de Myrrha jouait encore dans les lumineux atômes versés de la persienne; il écoutait un bruit de pas légers au-dessus de sa tête et une voix bien connue qui chantait, en se mêlant au frémissement des aliziers, au murmure agreste de la fontaine, aux harmonies lointaines qui montent des campagnes aux collines, à toutes les heures de l'été.

— Monsieur d'Anduze, dit Chartoux, je pense que vous devez avoir chaud.

— Moi, dit Ulric toujours distrait, moi! mais non, pas trop, je ne crains pas la chaleur.

— Eh bien! je veux vous montrer quelque chose, ici tout près, qui vous fera plaisir. Nous avons du temps à nous avant le bal; mes invitations ne sont que pour sept heures.

Ulric se résigna et suivit M. Chartoux. La conversation dura trois heures, ou pour mieux dire, le monologue du riche propriétaire. Pas un brin d'herbe ne passa incognito sous le pied d'Ulric; M. Chartoux fut impitoyable dans ses démonstrations: après avoir énuméré tout ce qu'il avait fait, il énuméra tout ce qu'il comptait faire dans ses projets d'embellissement; il fit deux saignées au Gardon, planta un bois de chênes, creusa un bassin, na turalisa la cochenille, établit une magnanerie; enfin, gardant son dernier projet pour le coup de surprise, il annonça paternellement à Ulric qu'il allait lui faire bâtir, pour son ménage particulier, un grand corps-de-logis isolé sur les rives du Gardon, et il ajouta gravement : — Je mettrai devant la rivière une longue balustrade de fer à hauteur d'homme, pour empêcher vos enfans de tomber dans l'eau.

En ce moment, Marguerite se leva, comme une étoile, derrière un rideau de peupliers d'Italie. On aurait cru voir une de ces apparitions, telles que le désir extrême semble pouvoir les créer, dans cette nature puissante, où la vie anime tout ce qui nous environne, comme autrefois au milieu des saintes forêts de la Grèce. La jeune fille portait une robe blanche, irritante de simplicité; l'or roulait en boucles de chevelure sur son front et ses épaules; elle glissa sur l'herbe azurée, comme une voile sur le miroir du golfe, et disparut.

Ulric avait vu Marguerite, et il était resté froid, lui qui venait de traverser la campagne en demandant la jeune fille à toutes les voix de l'air : il s'allarma de ce changement subit qui s'opérait en lui ; car, en écoutant M. Chartoux, dans son interminable monologue, il avait entrevu, à travers les arbres d'un parc, sur l'autre rive du Gardon, de flottantes images, d'agiles ombres, couvertes d'un voluptueux mystère, et il avait tressailli, comme si un rayon du soleil lui eût percé le cœur; et maintenant, la femme adorée, Myrrha, sortie comme une hamadryade de l'écorce d'un chêne, le laissait calme et sans désir !
«Oh! je me devine trop, se dit-il en lui-même, et je souffrirai bien après mon mariage de

cette délicatesse exquise de sensations!
Qu'il faut peu de chose pour ternir l'émail
de cette marguerite blanche, et rendre
vulnérable sa couleur! Le moindre souffle
profane détache un rayon de sa corolle.
Que lui restera-t-il donc au dernier quartier
de ma lune de miel? Et celles-là qui
jouent, rient et chantent de l'autre côté
du fleuve; ces formes élyséennes, oubliées
du monde; ces vaporeuses images, couvertes d'ombre au milieu de tant de soleil;
oh! que j'aime le mystère qui les entoure!
Rien de lourd et de désenchanteur ne gra-
vite sur leur horizon; un baiser du soleil
les a fait éclore, dans ce jardin, à cette
heure où tout atôme du Midi est une lèvre qui féconde les parterres et les change
en gynécées! Oh! laissons-les dans leur
mystère; n'approchons pas, de peur qu'il
ne s'évanouisse à mes yeux, ce doux mi-
rage de femmes, ce tableau divin qui re-

flète, peut-être, un autre monde, un autre soleil, un autre ciel.

— Vous ne paraissez pas dans votre assiette ordinaire, mon cher beau-fils, dit M. Chartoux, qui s'inquiétait de la rêverie d'Ulric.

— Oui, oui, je suis un peu préoccupé...

— Ah! le mariage n'est pas une petite affaire, j'entends. J'étais comme vous, quand j'allais me marier, absolument comme vous, je crois me voir. Il me survint une faillite de Montpellier qui m'accabla la veille de mon mariage, j'eus un remboursement sur les bras de cent vingt-sept mille francs de traites; je n'avais que dix mille francs en caisse. Sentez-vous cette position? Eh bien! je m'en tirai avec les honneurs de la guerre. Vous n'êtes pas dans le commerce, vous n'avez pas de ces secousses-là. Vos fonds sont bien placés... Vous m'avez dit... en rentes sur l'état?

— Oui.

— Cela vous rend le quatre, le quatre et demi?

— Oui.

— C'est peu, mais c'est solide.

— Oui.

— A moins qu'un bouleversement...

— Oui.

Alors, nous sommes tous ruinés.

— Oui.

—Allons, venez, venez; nous trouverons Marguerite à son piano, elle vous chantera quelque chose.

Ils entrèrent au salon. Madame Chartoux fit une révérence à son futur beau-fils, et lui présenta un fauteuil ; Marguerite lui donna un sourire gracieux et familier.

—Embrassez-vous donc, enfants, dit le père.

Marguerite et Ulric s'embrassèrent respectueusement. Ulric laissa tomber ses gants et son chapeau.

— M. Durand n'est pas avec vous? dit Marguerite.

— Il viendra plus tard, mademoiselle, répondit Ulric; il est parti pour Arles, ce matin, il est allé voir sa femme, chez sa belle-mère.

—Ah ! M. Durand est marié !

— Oui, mademoiselle, depuis trois ans; il habite Arles, ordinairement, où sa maison est établie; il est venu me voir à Nîmes: je ne l'avais pas vu depuis sept ans; nous sommes liés dès notre plus tendre enfance; c'est mon seul ami, c'est mon frère.

— Voyons, mets-toi au piano, dit M. Chartoux, et donne nous une bonne idée de toi; nous venons ici pour t'entendre.

—Ah! mon Dieu! je ne sais rien, rien;

il fait si chaud !... Je suis là occupée à déchiffrer *Robert*. Connaissez-vous *Robert*, Monsieur d'Anduze ?

— Non, mademoiselle.

— Nous irons le voir à Paris, n'est-ce pas ?

— Ah ! il ne s'engage à rien Ulric, dit le père ; très bien. C'est ainsi qu'il faut être. Ne promettez rien aux femmes, et donnez-leur tout.

— Voici déjà du monde qui nous arrive, dit Marguerite ; j'entends des voitures.

— Vous nous permettrez de recevoir, messieurs ? dit la mère, avec une certaine affectation de belles manières.

Ulric s'inclina et sortit.

— Grand Dieu ! dit madame Chartoux ; il est bien taciturne ce soir, ton prétendu, dit-elle tout bas à sa fille.

— Et quel costume pour le bal ! dit

Marguerite : en redingote bleue! et des éperons!

— Il a trente mille francs de rente, dit M. Chartoux.

Deux voitures tournèrent sur la terrasse. Ulric était déjà bien loin.

Le soucieux jeune homme entra dans un massif de chênes et s'assit; son esprit était assailli de pensées décousues, qu'il ne prenait pas la peine de relier en raisonnement; il n'avait plus la force de suivre logiquement une réflexion, pour arriver à une conséquence; il s'abandonnait à la volonté du moment, sans essayer de la maîtriser, comptant toujours, après tant d'hésitation, s'élever à une de ces violentes révoltes de l'âme, où l'on n'a plus besoin de calculer pour agir, où toute inspiration paraît bonne, parce qu'elle enfante un dénoûment.

Il avait ainsi passé plusieurs heures; il avait

dépouillé de leurs glands tous les rameaux de chênes qui flottaient sous sa main. La nuit tombait avec sa langueur amoureuse ; les colines versaient leurs parfums du soir ; les cloches sonnaient au village ; les derniers rayons du crépuscule d'été doraient encore quelques flocons d'azur au couchant, et nuançaient par intervalles, le sable d'argent que le Gardon roule et dépose sur ses deux rives, avec un léger bruit de satin. L'orchestre conviait les jeunes femmes et les jeunes hommes aux délices du bal. Ulric jeta une poignée de glands au fleuve, et dit, comme le cheval de Job : *Allons!*

Durand fut la première personne qu'il rencontra dans l'avenue. Durand était superbe, comme un élégant du balcon de l'Opéra. — Très-bien ! s'écria-t-il, j'ai vu le moment où le bal commençait sans toi ; je te croyais encore dans les Arènes, devant la loge des courtisanes. Ah! mon Dieu! comme te voilà costumé pour un bal que tu dois ouvrir!

— Un bal de campagne! dit Ulric avec humeur.

— Un bal de campagne! mon ami, regarde ce monde, de loin : c'est comme à la préfecture, le mardis-gras. Vois cette file de voiture; nous avons toutes les autorités du département. J'ai amené ma femme, ma sauvage arlésienne; elle es coiffée à l'Osiris, comme la fille de Pharaon : prépare lui un nom égyptien, toi qui connais le calendrier de l'Orient. Non; mais parole d'honneur, tu ne peux décemment paraître en redingote et en cravate blanche à ce bal. Ecoute, écoute, voilà les premières mesures : c'est le quadrille danois; on te cherche partout. Tiens, vois-tu le préfet qui passe avec ses décorations, et le général en costume

7

de général, et tout l'univers nîmois !

— Enfin, que veux-tu que je fasse? il y a trois lieues d'ici à Nîmes.

— Impossible!... ah! il semble que nous jouons la comédie... Attends... il faut que je me dévoue; tout pour l'amitié; voilà mon gilet et mon habit; donne-moi ta redingote; voilà ma montre, pourquoi ne portes-tu pas de montre?

— Une montre ne sert qu'à savoir l'heure qu'il n'est pas.

— C'est égal, on la porte pour la chaîne... Voilà mon diamant et mes gants jaunes. Ôte tes éperons, et laboure les hautes herbes avec tes bottes; bien, elles luisent comme le vernis; les bottes sont reçues au bal depuis la révolution de juillet : nous avons conquis les bottes. Te voilà beau comme un héros de Balzac.

— Et toi, toi, Durand?

— Moi, je me sacrifie; je vais prendre

ton cheval et repartir; tu ramèneras ma femme dans mon tilbury; et ne l'oublie pas au moins!

— Mais je ne la connais pas, ta femme.

— Coiffée à l'égyptienne avec des bandelettes; les Arlésiennes descendent d'Osiris, d'Isis, d'Anubis, à ce qu'elles disent; je l'ai présentée à M. Chartoux.... Une grande brune.... robe de popeline feuille morte; extravagante, la robe.... Un collier de perles, un bras de la Vénus d'Arles, un pied d'enfant... Cours; adieu: on t'appelle.

— Mais comment?

— Va, te dis-je! à demain; je me dévoue; c'est plus beau qu'Harmodius et Aristogiton : l'honneur du bal est sauvé.

Et Durand poussa vivement son ami dans la direction de la terrasse. L'orchestre jouait : les danseurs cherchaient leurs vis-à-vis.

Ulric, paré des plumes de Durand, fit une grande sensation en paraissant dans le cercle. — Ah! vous voilà! lui cria M. Chartoux; vous avez été vous habiller à Nîmes? Marguerite se désole; où est Marguerite? Au diable le bal! j'ai commandé des glaces à Nîmes, elles sont arrivées brûlantes. Eh bien! il faut commencer le bal. Commençons le bal; voyons, amusons-nous.

Une double haie de jeunes gens entourait les dames; Ulric découvrit Marguerite au milieu du cercle; elle rayonnait de joie et suspendait ses lèvres au flot d'adulations qui roulait autour d'elle. Un appel décisif de l'orchestre arrêta les galants propos; Marguerite se leva, regarda de tous côtés et apercevant Ulric, appuyé mélancoliquement contre le tronc d'un arbre, elle fut droit à lui, en disant avec gaîté : — Venez donc, monsieur, je vous ai retenu pour la première. Ulric ne répondit rien; il prit la main qu'on lui tendait et se mit au quadrille. Elle dansait à ravir les anges, la belle enfant! Elle ne touchait la terre que pour ne pas humilier ses voisines; une grâce céleste accompagnait toutes les ondulations de sa robe; une joie d'enfant rayonnait sur sa figure et s'élevait à l'extase; il semblait que l'orchestre ne jouait que pour elle et qu'un nuage d'harmonie la balançait mollement dans l'air; il semblait que le vent du soir ne soufflait du fleuve que pour rafraîchir son teint, enflammé de la fièvre du bal; le sable uni s'amollissait sous ses pieds divins; la feuille de l'alizier se relevait joyeuse au contact de sa chevelure; le jeune danseur qui l'effleurait, en passant, ne voyait plus qu'elle; la danseuse qui la regardait une fois, ne la regardait plus. Le bal éclatait dans toute sa frénésie méridionale; les fleurs de juin croisaient leurs parfums avec les émanations irritantes des collines, ces vases de thym que le soleil échauffe pour embaumer les étoiles. Toutes les harmonies des nuits d'été accompagnaient les harmonies des quadrilles : quand l'orchestre s'interrompait brusquement, on entendait les chants qui montaient du sillon et des marécages, les bruits des fontaines, le roulement lascif du fleuve, la plainte de la brise dans les arbres; alors tout ce monde heureux de femmes et de jeunes gens, délivrés des prisons de l'hiver, se précipitait encore dans son ivresse, à l'air libre et frais de la nuit; la salle de bal avait l'horizon pour muraille, les arbres pour tenture, le gazon pour siège, les étoiles pour lustres. Le bonheur semblait être invité à une fête après un long exil.

Ulric était épouvanté de se sentir heureux; les hésitations de la journée avaient fait place à d'autres sentiments. Jamais il n'avait vu Marguerite dans cet éclat de séduction irrésistible.—Oh! que je l'avais mal jugée, dit-il; non, elle n'appartient pas à ce monde, cette femme! elle vient du ciel, comme la poésie dont elle est faite. Oh! quel trésor d'amour ce cœur doit recéler et garder en réserve pour un amant!

A minuit, après une contredanse, Ulric offrit son bras à Marguerite, et l'entraîna avec une hardiesse que l'irritation du bal lui donnait, vers une allée voisine, faiblement éclairée par quelques lampions expirants. Il ne lui avait pas adressé la parole depuis le commencement du bal; il la regardait, et elle dansait toujours.

—Mademoiselle, dit-il, et la parole tremblait sur sa lèvre convulsive, mademoiselle, restez un instant avec moi, afin que, seul, je puisse vous voir dans votre grâce de femme ; oui, j'avais besoin de vous voir ainsi, de près, immobile devant moi; ainsi recueillie pour m'entendre. Les autres vous ont assez vue ; ils ont brûlé votre robe avec la flamme de leurs regards. Oh! si vous n'étiez pas un ange, j'aurais bien souffert!... N'êtes-vous pas fatiguée du bal?

— Du bal! moi! eh! je danserais toute la nuit, et demain encore! Oh! j'adore le bal! ces contredanses de M. Musard sont ravissantes; aimez-vous les contredanses de M. Musard?... Vous ne les aimez pas?... J'en ai reçu un ballot.

— Oui, j'aime tout ce que vous aimez. Dites, n'aimez-vous pas ces belles nuits, à la campagne? Ne trouvez-vous pas que l'amour est partout, que la lèvre brûle en prononçant ce nom?

— Nous parlerons de cela quand nous

serons mariés, monsieur. A propos, papa se plaint de vous; il dit que vous le traitez déjà comme un beau-père, que vous ne l'écoutez pas quand il parle, ou que vous l'interrompez.

— Ah! votre père dit cela...

— Oui, mais n'y faites pas attention : entre beau-père et beau-fils, c'est la mode de se disputer; vous en verrez bien d'autres. Nous ne quitterons pas la maison, n'est-ce pas? C'est convenu. Papa est vif, mais bon; vous vous disputerez deux ou trois fois par jour : eh bien! vous vous raccommoderez. Moi, je ne puis pas quitter la maison, vous concevez; une fille unique! Savez-vous jouer au billard?.. papa raffole de ce jeu; vous jouerez; nous ferons de la musique; maman vous plaira, celle-là ne dit jamais rien, et...

— Ecoutez, Myrrha...

— Mais pourquoi donc m'appelez-vous Myrrha?

— Écoutez, Marguerite; l'heure s'écoule, et nous perdons les plus beaux instants de notre vie, des instants que nous regretterons un jour. N'avez-vous jamais désiré ces causeries délicieuses de la nuit, ces douces promenades d'amants, aux étoiles, quand tout se fait bonheur autour de soi?

— Vous avez des questions un peu indiscrètes, monsieur mon prétendu.

— Moi, j'ai rêvé mille fois ces entretiens intimes, où le cœur de l'amant parle au cœur de son amante; où la parole même est inutile, parce que l'amour est intelligent, l'amour, cette première langue des êtres! Oui, retenons-les bien, de toute la puissance de nos lèvres, ces instants qui s'en vont; cueillons la minute qui vole, comme la fleur qui va se faner. Si vous saviez que de regrets nous préparons à notre avenir, par le dédain du présent; le présent, cet or fluide que la jeunesse nous verse à pleines coupes, et que nous laissons fuir sous nos pieds! Dites-moi, avez-vous vu jamais une nuit plus sereine, plus amoureuse, plus embaumée? Avez-vous jamais compté plus d'étoiles au ciel? c'est votre lumineuse couronne d'épouse. La nature aussi vous donne une fête; elle vous offre une corbeille de noces, elle vous enveloppe de cet air odorant comme d'une robe : cet amour immense qu'on respire partout; cette volupté langoureuse, qui circule avec la brise, tout est une émanation de vos lèvres; vous êtes la reine de la plus belle des nuits!

— Oh! nous aurons bien le temps de nous dire des tendresses; moi, je ne crois pas que nous perdions les heures, comme vous dites; je m'amuse beaucoup; je danse; j'aime le bal à la folie; surtout l'hiver, dans un salon, à cause des toilettes ; il fait si chaud l'été ! Vous croyez donc que je suis insensible ? Tenez, voilà que la mesure annonce une walse ; eh bien ! le cœur me bat ; mais il bat !

— Eh ! songez-vous aussi à... notre mariage ?

— Si j'y songe ! je n'en dors pas, monsieur. Hier, j'ai fait une scène affreuse au facteur des messageries de Lyon qui m'apporte des cartons dans un état incroyable. Savez-vous ce que contenaient ces cartons ? une robe de Pékin, rayée, avec sa jupe de mousseline claire, et un chapeau de velours moiré, avec une fleur ponceau. Tout abîmé ! Vous croyez donc qu'il n'y a que vous qui pensiez au mariage ? Hier encore, j'ai commandé une robe de chambre en foulard, gros grain écossais, à manches pagodes, doublées de marceline bleue.... Comment trouvez-vous ce goût ?... Attendez : un bonnet de tulle blonde, avec une garniture autour de la tête, et un nœud en chou, en tulle pareil ; deux rangs de bavolet et trois nœuds blancs. Ça sera-t-il gentil ?

Ulric, la tête inclinée sur l'épaule ; les bras languissamment croisés sur la poitrine, écoutait Marguerite ; et la figure du jeune homme avait un sourire d'une expression étrange.

— Marguerite, dit-il avec mélancolie, vous étiez bien belle, l'autre soir, en négligé, à la ville, quand vous chantiez ces beaux vers de Lamartine :

<small>Un soir, t'en souviens-tu ? nous voguions en silence !</small>

— De quoi donc allez-vous me parler, quand nous parlons affaire...

— Oui, c'est un souvenir qui me revient ; excusez-moi.

> Éternité, néant, passé, sombres abimes,
> Que faites-vous des jours que vous engloutissez ?
> Parlez, nous rendrez-vous ces extases sublimes
> Que vous nous ravissez !

— Eh bien, où voulez-vous en venir? Qu'est-ce que cela signifie?

— Rien.

— Pourquoi avez-vous retiré votre main de la mienne?

— Pour croiser les bras.

— Comme il est sec!

— Ah!

Demain, vous me verrez, en robe de batiste blanche, à manches courtes, avec un petit bracelet en émeraude, et des mitaines de filet; j'aurai les cheveux nattés, avec deux médaillons de cristal, ici. Ah! voilà la walse; walsez-vous?

Une grosse voix se fit entendre aux premiers arbres de l'allée.

— C'est papa! dit Marguerite. Ulric ne

bougea pas; il regardait fixement la terre.

— Mon cher beau-fils, s'écria M. Chartoux, où donc avez-vous la tête? Qu'est devenu M. Durand?

Ulric tressaillit à ce nom.

— Madame Durand a perdu son mari depuis trois heures; elle vous fait chercher partout pour vous en demander des nouvelles, cette pauvre dame! C'est qu'elle a failli se trouver mal.

— Ah! mon Dieu! dit Ulric, portant la main à son front; où puis-je trouver madame Durand?

— Cela vous inquiète bien? Monsieur, dit Marguerite... Vous me quittez brusquement comme cela?

— Ne le retiens pas, dit M. Chartoux; il va consoler cette pauvre femme. Je crois que M. Durand s'est noyé dans le Gardon.

Ulric, sur le seuil de la maison, tourna ses yeux vers la danse; la walse bouillonnait déjà; Marguerite walsait, emportant avec elle, dans l'air, un gigantesque conseiller municipal.

Il trouva madame Durand, seule dans le cabinet de M. Chartoux, écrivant une lettre à Nîmes. Ulric s'excusa fort poliment auprès d'elle, et lui emprunta sa plume pour écrire un billet. — Maintenant, dit-il à madame Durand, nous pouvons partir; je suis à vos ordres.

Et il regardait madame Durand, qui, la tête haute et immobile, les bras nus et allongés sur la table, ressemblait à une divinité des mystères d'Isis.

— Cette femme ne rappelle rien de connu, dit Ulric en lui-même. Quels beaux yeux noirs! quelle divine tête! quels bras!

— Vous vous mariez donc, monsieur? dit madame Durand.

— On le dit, répondit Ulric.

— Le mariage est un tombeau, dit la belle Arlésienne.

Ulric s'effraya comme s'il eût entendu quelque oracle sortir de la lèvre d'un sphinx, devant la pyramide de Chéops.

Il monta en tilbury avec l'égyptienne d'Arles, et appelant un domestique, il lui dit : — Portez ce billet à M. Chartoux.

La valse finissait, et M. Chartoux donnait le bras à sa fille, haletante de fatigue, pour la conduire au salon, lorsque le domestique lui remit le billet d'Ulric. M. Chartoux rompit le cachet, regarda la signature, et dit : — C'est de mon beau-fils!

Sa femme et sa fille se groupèrent à ses côtés pour entendre la lecture du billet. — Je l'ai toujours dit, s'écria M Chartoux, écumant de colère, c'est un fou!

— Lisez, lisez! dirent les femmes.

— Voici sa lettre, dit M. Chartoux :

« Monsieur,

« Je vous ai demandé votre charmante
« fille en mariage, il y a quinze jours.
« Après-demain, les bans devaient être pu-
« bliés; il est donc urgent de prendre une
« détermination, voici la mienne : je n'au-
« rai pas le bonheur d'épouser votre fille ;
« je me déchire le cœur, mais il le faut ; il
« vaut mieux rompre avant qu'après.

« Ulric d'Anduze. »

Marguerite s'évanouit, selon l'usage, et sa mère crut devoir l'imiter.

III

Le lendemain, à neuf heures du matin, Ulric fut réveillé dans sa chambre de Nîmes, par une série de coups lestement donnés à la porte. Le domestique ouvrit et Durand entra.

— Je te remercie de ta complaisance, dit-il en présentant la main à Ulric; tu m'as ramené ma femme saine et sauve. Elle m'a conté votre voyage; vous n'avez donc versé que deux fois : c'est peu, car il paraît que ta main *sur les chevaux laissait flotter les rênes,* et que le mariage te préoccupait comme un malheur. Moi, j'ai regretté de t'avoir quitté; car, après tout, je pouvais me promener dans les bois, bien que cela m'ennuie à la mort. Rien ne m'ennuie comme la campagne, excepté un bal pourtant. J'ai perdu ma soirée, quand je n'ai pas fait vingt tours sur l'esplanade et trois parties d'échecs. Eh bien! où en sommes-nous? Tu es pâle comme un jeune marié : as-tu bien dansé avec la Myrrha des Babyloniens?

Ulric s'habillait lentement; il prit sur la cheminée un papier chiffonné, et dit d'une voix sourde à Durand : — Tiens, voilà la copie du billet que j'ai fait remettre à M. Chartoux, cette nuit; lis.

— Admirable! mon ami, s'écria Ulric;

prodigieux!.. On regrette cent fois de s'être lié, on ne regrette jamais d'avoir rompu. Vraiment, je te voyais perdu, noyé dans le Gardon ; d'autant plus que M. Isambert a laissé tomber à plat le divorce, à la chambre. Oh ! je veux t'embrasser.

— Ah ! mon ami, si tu savais ce que cela me coûte !

— Dieu a inventé les lendemains pour nous guérir. Attends vingt-quatre heures.

— Non, non, je suis blessé au vif; plains-moi.

— Allons faire un tour de promenade aux Arènes.

— Impossible! vois comme je suis abattu; moi qui aurais déraciné un chêne, hier!

— Nous irons déjeûner chez Durand; nous sortirons forts comme le pont du Gard, et gais comme des vaudevilles....

Voyez donc comme ce jeune homme est faible! le plus robuste lutteur des Cévennes!... Je ne sais pas pourquoi le comte Gérard me revient encore à l'esprit; veux-tu que je te conte l'histoire de ce comte, calembourg à part?

— Une autre fois, je n'ai pas l'oreille au récit aujourd'hui... Malédiction sur ce monde!

— Ah! nous voici retombés dans le drame! laissons passer la tirade.

— Pauvre enfant! pauvre Marguerite!... Elle a fait son métier de femme!

— Réaction! tu l'épouseras demain.

— Non, non...

— Après-demain.

— Non, te dis-je, cent mille fois non!... J'ai failli me condamner de gaîté de cœur au supplice de Mézence!..

— Ceci sort de mon érudition.

— Quelle vie! traîner avec soi son

corps... et désirer l'âme!... J'ai bien fait; je suis content.

—Ah! bravo! il ne te manquait plus que ton approbation. Allons déjeûner chez Durand.

— Mais, dis-moi, où se réfugier maintenant, lorsque la société vous chasse?

— La société ne te chasse pas, mon ami; M. Chartoux n'est pas la société.

— Hier encore, tu me disais que l'honneur s'opposait à une rupture; tu t'en souviens?

— Je voulais te sonder; tu m'as fort bien répondu. Jamais je ne t'aurais donné un conseil dans une démarche de cette nature; en fait de mariage, il faut laisser le libre arbitre à son ami; aujourd'hui tu brises tout, je t'applaudis, je t'embrasse, je crie bravo!

— Heureux temps où l'homme avait des refuges!

—Viens chez moi.

— Des refuges dans quelque monastère, au milieu des bois, bien loin des villes, un monastère isolé, comme un navire en pleine mer. Rome n'a plus de Thébaïde, et la France n'a plus de couvents!

— Pour le coup, voici le comte Gérard plus de circonstance que jamais! As-tu l'oreille au récit?

— Parle, si cela t'amuse.

— Je serai court, quoique l'histoire originale ait quatre volumes. Le comte Gérard était de Nevers, je crois, ou de Tournus, ou de quelque autre pays du Nord. A vingt-cinq ans il ne savait que faire, parce qu'il avait tout fait et tout mal fait. Il fréquentait un seigneur, son voisin; il le défia en champ-clos; le seigneur lui fit répondre qu'il n'avait aucune raison de se battre avec un bon voisin, et qu'il ne se battrait pas. Gérard lui enleva sa femme.

Il y eut alors une sorte de raison. On se battit, et Gérard tua le mari, selon le jugement de Dieu, qui jugea bien mal cette fois. Ce divertissement ne procura au comte Gérard qu'une quinzaine de jours d'émotions. Après, il retomba dans la monotonie de la probité. Il chercha, dans le voisinage, d'autres seigneurs à tuer; mais c'étaient tous des vieillards veufs et goutteux. Le comte Gérard ne savait où donner de la tête... Cela t'amuse, Ulric?

— Jusqu'à présent, pas trop.

— Tu vas voir... D'ailleurs, soyons justes, que pouvait faire un gentilhomme riche en ce temps-là? Le comte Gérard courut la province, cherchant des tournois : dans ces passe-temps chevaleresques, il tua trois chevaliers et en blessa beaucoup. L'ennui le prit encore; cette fois on prêchait une croisade; il partit pour la Palestine. Conrad était fort peu dévôt, mais il obéissait à la mode : il vit Jérusalem de près ; il rompit des lances avec les farouches musulmans ; il enleva des Clorindes et des Herminies ; il tua deux princes sarrazins ; puis étant attaqué de la peste, il tua la peste. La croisade finie, il rentra dans ses foyers, et retomba dans un vide affreux. Tous ses voisins étant morts en Palestine, de la peste, et ses vassaux, de la faim, il habitait un désert ; il était locataire du néant. L'infortuné Gérard se vit contraint de retourner en Palestine, mais le dégoût arriva bientôt cette fois ; les croisades même lui manquant sous les pieds, il se mit à réfléchir pour la première fois de sa vie. A l'âge de trente-quatre ans, il avait tout usé, jusqu'à ses cuirasses ; tout à coup, le comte blasé se relève avec une idée. Jérusalem l'inspira : il ramassa son argent et se bâtit un monastère dans le département de l'Ain ; il se fit prieur, comme de raison, et envoya des circulaires à quelques vieux chevaliers, ses amis, aussi ennuyés que lui, pour les engager à se faire moines. La moitié de ces chevaliers persista dans la chevalerie, l'autre répondit à l'appel. On inaugura pompeusement le ministère; Gérard prit ses grades en théologie et devint abbé, tout le monde se cloîtra et fit pénitence. Le comte vécut, avec un plaisir infini, jusqu'à l'âge de quatre-vingt-quinze ans; et il a été béatifié par le pape Paul III. La légende le met au rang des saints; c'est fort agréable, ma foi! Voilà l'histoire du comte Gérard.

— Oui! tu en parles légèrement de ces choses; cependant elles sont toujours sérieuses, au fond, malgré ce vernis frivole. Oh! le siècle n'est plus à ces héroïques sacrifices. Je vois Rome, et je ne vois pas le désert.

—Veux-tu habiter un désert? un véritable désert?

—Oui!

—Vas à Paris. Tu ne connais pas cette ville; ah! c'est la Thébaïde du dix-neuvième siècle! il y a tant de monde qu'il n'y a personne. Que connais-tu à Paris? Pas un être vivant; eh bien! marche dans la foule : ce sera toujours, pour toi, comme si tu voyais des arbres qui se promènent; on ne salue pas les arbres : tu n'auras pas un *bon jour, monsieur*, à dépenser. Prends un désert, le plus désert possible, tu seras toujours dérangé par quelque bête féroce ou par quelque caravane, qui te forcera de chanter avec elle : *Dieu est grand et Mahomet est son prophète;* tu tomberas dans quelque hutte d'Arabe qui t'offrira du lait de chamelle, et te fera un conte des Mille-et-une-Nuits, à dormir debout. Promène-toi sur le boulevard de Gand à Paris, personne ne te fera rien chanter; surtout, on ne te donnera rien. Tu peux vivre ainsi, comme le comte Gérard, jusqu'à cent ans; le pape ne te canonisera pas, mais, en 1836, on ne peut pas tout avoir.

— Voilà, je crois, ce que tu as dit de plus raisonnable depuis ce matin.

— Il faut se lancer dans les folies, pour trouver la raison.

— Oui, je crois avoir lu quelque part que la foule était un désert.

— C'est possible; mais j'ai perfectionné l'idée.

— Oh! puisque je ne puis vivre... J'ai la ressource des Cévennes, aussi...

— Des Cévennes! y songes-tu? c'est ton pays; on te forcera d'être adjoint, juré, conseiller municipal, sous-lieutenant de la garde nationale, président de la caisse d'épargnes, et philantrope! A Paris, tu ne seras rien du tout, excepté misanthrope. Tu feras de longs monologues contre la société ; pourvu que tu ne les imprime pas, cette horrible société te donnera, pour ton argent, des filets de chevreuil chez Tortoni, du vin de Johanisberg, dans des coupes vertes, aux Frères-Provençaux ; de la musique de Meyer-Beer, de Rossini, d'Auber, d'Adam, à trois théâtres ; des drames d'Hugo, de Dumas, et des comédies de Scribe partout. Cela manquait au comte Gérard ! Dans le jour, il se fera autour de toi un tel fracas de roues, de chevaux, d'enseignes, de tonnerres d'omnibus, d'orgues barbares, de chiens obscènes, de vendeurs enroués, que tu ne trouveras pas une place dans l'air pour y loger une pensée de désespoir. Paris est la seule chartreuse que la révolution n'ait pas détruite ; vas t'y cloîtrer, mon ami.

— Nous réfléchirons à cela.... tais-toi,

j'entends mon domestique dans l'escalier... voici quelque visite, c'est sûr...

Durand ouvrit la croisée, et la referma avec précaution.

— Mon ami, dit-il à voix basse, il y a là-bas une voiture que je crois reconnaître.. c'est...

— M. Chartoux...

— Bon courage contre l'assaut; ne mollis pas. Veux-tu que je sorte?

— Non, demeure.... j'ai besoin de toi.... Entre dans ce cabinet...

— Sois ferme.... songe au comte Gérard.

Durand s'enferma dans le cabinet. Le domestique annonça M. Chartoux.

Ulric, debout, et dans une agitation orageuse, salua froidement le terrible visiteur, et lui présenta un fauteuil.

M. Chartoux fit un geste de refus.

— Monsieur, dit-il en s'efforçant de rassurer sa voix, monsieur, ce billet est-il de votre main?

Ulric répondit par un signe de tête affirmatif. M. Chartoux ne put continuer qu'après un long repos :

— Vous avez quelque motif grave pour rompre ainsi une affaire conclue?

— Un motif très grave.

— Pouvez-vous me le communiquer?

— C'est impossible, monsieur.

— Cela touche aux mœurs?

— Oh! non, monsieur.

— A la probité?

— Encore moins.

— Avez-vous découvert chez ma fille quelque inclination secrète, qu'elle aurait eue à l'insu de son père?

— Votre fille, monsieur, est la plus honnête et la plus pure des femmes.

— Auriez-vous entendu des propos tendant à vous laisser supposer que ma fortune n'est pas établie sur des bases...

— Non, non, monsieur...

— C'est qu'il y a des envieux dans les villes... et lorsqu'on a gagné, à la sueur de son front, une fortune honorable, on est exposé à la médisance, à la calomnie, à une....

— Croyez-bien, monsieur, que je n'ai pas cédé à de pareilles idées; j'ai moi-même, plus de fortune qu'il m'en faut pour vivre avec une famille et tenir un rang.

— Ne trouvez-vous pas ma fille d'assez bonne éducation? elle a été élevée chez les dames Lefèvre de Paris, à Montpellier, où elle a remporté trois prix, le prix de sagesse, le prix...

— Votre fille est charmante, et son éducation exquise; elle doit faire le bonheur d'un époux.

—Eh bien! pourquoi ne l'épousez-vous pas?

—Parce que je crains de ne pas la rendre heureuse, comme elle mérite de l'être. Ce n'est pas devant votre fille que je recule, c'est devant le mariage.

—Vous aurais-je blessé, moi, par quelques propos? moi souvent à la campagne, j'aime à folâtrer, et il serait possible qu'une plaisanterie...

—Je vous assure que vos plaisanteries ont toujours été décentes avec moi.

—Alors je m'y perds.

M. Chartoux regardait le plancher, en tourmentant le nœud de sa canne. Ulric appuyait son front sur ses mains.

—Il faut donc, dit M. Chartoux après une longue pause, il faut donc que je rentre à la campagne, sans avoir une bonne raison à donner à ma femme?

Ulric ne répondit pas.

— Je ne puis donc rien vous arracher de satisfaisant, monsieur?

Même silence.

— Il faut donc que je devienne la risée d'une ville, ou que je m'expatrie?

— Nous nous expatrierons tous, monsieur.

— Expatriez-vous tant que vous voudrez, vous, monsieur, s'écria M. Chartoux en frappant le carreau, mais moi je veux rester.

— Eh bien! restez!

— Voilà qui est bien dur, monsieur, et bien insolent!

Il leva la canne sur la tête d'Ulric.

— N'oubliez pas que je suis chez moi, dit Ulric avec dignité.

— Les voilà, les voilà, les jeunes gens d'aujourd'hui, avec leurs idées de philosophes! Des fous qui jouent avec ce qu'il y a de plus sacré, avec l'honneur des femmes, avec le repos des familles!

— Monsieur, dit Ulric, un instant, un seul instant vous m'avez ébranlé : vous venez de me rendre mon courage ; je vous prie de ne rien ajouter de plus.

— C'est bon !

Et M. Chartoux sortit brusquement, pâle de colère, et agitant sa canne en signe de menace. On entendit bientôt le bruit de la voiture sur le pavé.

— Il est à plaindre, dit Durand, ouvrant la porte du cabinet.

— Moi, plus à plaindre que lui, répondit Ulric les larmes aux yeux.

— Mon Dieu! n'allons pas nous plonger dans la tristesse! Il faut prendre un parti. Avant tout, quittons cette chambre, cet appartement, cette maison. Il y a un écho de M. Chartoux qui restera incrusté à ce plafond. Viens chez moi... Eh bien! tu me regardes avec des yeux effarés... Tu trouves mon offre extraordinaire?.... Ce n'est pas à mon comptoir que je t'invite, c'est à mon jardin *extra-muros*.... Il y a une bibliothèque choisie, une serre, un bassin, un billard, des arbres, ma femme et mes petits enfants.

— Il y a une chose de trop.

— Les petits enfants, j'ai deviné; sois tranquille, ils ne t'inquièteront pas; je les exilerai. D'ailleurs, ils sont si jeunes! Allons, décide-toi; viens-tu? Le spectre de M. Chartoux va te poursuivre ici.

— Je te suis.

— Embrasse-moi, et partons. Le domestique peut rester.

Les deux amis descendirent. Ils traversèrent la ville, et se dirigèrent vers le jardin hospitalier.

C'était une retraite délicieuse et voisine de la *Fontaine*: tout y respirait une quiétude opulente. La maison se voilait de trois rideaux de tilleuls, et les rameaux avancés flottaient sur les jalousies. Ulric ne put s'empêcher de dire : « Oh ! qu'on est bien ici. »

— Ma femme arrivera bientôt, dit Durand, et nous déjeûnerons là, devant la volière ; le couvert est mis. Tu peux rester ici deux ou trois jours pour ta guérison, et quand tu seras convalescent, tu iras à Paris.

— C'est entendu ; oui, je partirai après demain... On peut arrêter les chevaux de poste. Prépare-moi une lettre de crédit de dix mille francs.

— C'est bien peu. En arrivant, ce serait sage de se lancer dans toutes sortes de débordements pour t'étourdir ; il te faut un crédit de vingt mille francs au moins. D'ailleurs, tu ne peux te dispenser de jouer.

— Je n'ai jamais joué.

—Tu commenceras, le jeu tue l'amour. Va, crois-moi, je ne te donnerai jamais que de bons conseils. Voici ma femme qui arrive; devant elle soyons graves, et respectons le mariage.

Ulric courut dans l'allée pour offrir sa main à madame Durand, qui descendait de voiture. Ulric était ému; il voulut s'excuser sur le farouche silence qu'il avait gardé dans le tilbury la nuit précédente, mais la phrase n'arriva pas heureusement.

— Il faisait bien beau cette nuit, répondit madame Durand. Et elle fut déposer son mantelet dans le salon.

— Comme elle est belle ma femme! dit Durand à Ulric; n'est-ce pas? On dirait que je l'ai trouvée dans les fouilles du *Proscenium;* eh bien! j'y suis habitué. Chut! mettons-nous à table.

La belle Arlésienne avait jeté sur ses magnifiques cheveux noirs une résille de soie rouge qui coulait en deux bandelettes sur ses épaules de statue : un arbre de Judée s'inclinait en face d'elle, et nuançait de reflets rouges et mobiles les bras nus, la figure et le sein de l'admirable femme. Ulric tremblait comme l'arbre. Il se rappela l'émotion de cet artiste qui découvrit la Vénus de Médicis dans la fouille de la villa d'Adrien, et il se dit à lui-même :

— C'est tout simplement une émotion d'artiste que j'éprouve à cette heure.

Hélas ! sa statue était vivante.

Au dessert, Durand se leva en disant :

— J'ai donné le matin à l'amitié, maintenant je vais aux affaires. Ulric, je te laisse avec madame ; nous nous reverrons au dîner. Ulric, viens m'accompagner jusqu'au portail... Eh bien ! franchement, comment trouves-tu ma femme !

— Mais, je te félicite...

— As-tu vu comme je suis digne et réservé devant elle.

— Oui.

— Tu me crois indifférent, n'est-ce pas?.. Avoue que je parais un véritable mari de comédie... Ne te fie pas aux apparences; je l'aime à l'adoration. Adieu.

Ulric resta encadré dans le portail : il garda long-temps la même place, et lorsqu'il revint sur la terrasse, il trouva l'Arlésienne assise et brodant, sous les arbres. Elle ne regarda point de son côté; elle ne manifesta aucun désir de conversation : aussi, le timide jeune homme se tint à distance, et se contenta de contempler, toujours en artiste, la plus belle des filles qui aient baigné leurs pieds dans le Rhône, devant la ville aînée de Constantin.

Le soir, après le dîner, Ulric resta seul encore dans le salon, avec l'Arlésienne. Ils échangèrent, de temps en temps, quelques phrases décousues; la femme ne répondait jamais qu'en deux ou trois mots, et ses réponses avaient toujours l'air d'avoir un sens profond, qui imposait à Ulric une longue méditation. A minuit, Ulric sentit au cœur une impression toute nouvelle, en voyant l'Arlésienne, en robe blanche et la lampe à la main, traverser le corridor et fermer la porte d'une chambre : il ouvrit une croisée, pour respirer la fraîcheur et la vie qui tombent des étoiles, et pour demander au ciel le mot d'une énigme effrayante. Le ciel ne répondit pas.

Huit jours après, en partant pour la ville, Durand dit à son ami : — A quand les chevaux de poste? Ulric répondit : — Je suis encore malade, mon cher. — C'est bon! quand tu voudras.

—Il faut partir, pourtant, dit-il en lui-même ; partir ! Il y a du feu dans cet air ; ce gazon brûle ; il y a des empreintes qui embrâsent les pieds ! il faut partir ! tout s'empoisonne autour de moi. Gagnons le port avant la tempête. Oh ! ce n'est pas cette Arlésienne au moins que je redoute... quoiqu'elle soit terrible.... je crains cette vague passion, cette passion inassouvie qui gronde là.... ce démon qui déchire mon sein, et qui veut un aliment....

Et il marchait, la chevelure au vent, et broyant les herbes sous ses pieds ; dans sa préoccupation, il ne voyait pas son domestique arrêté au bout d'une allée devant lui.

— Que me veux-tu ? dit Ulric.

— Un étranger demande monsieur.

— Son nom ?

— Il ne l'a pas dit.

— Où est-il ?

—A la *Fontaine,* devant les *bains de Diane;* je n'ai pas voulu le conduire ici.

— Tu as bien fait.... je vais le joindre... aux *bains de Diane !* Quel souvenir !

Il jeta un coup-d'œil d'habitude à la muette Arlésienne, posée sur un vase, comme la Polymnie du Louvre, et sortit du jardin.

La promenade de la *Fontaine* était déserte; on entendait un bruit ravissant d'eaux, de feuillage et d'oiseaux; un calme divin régnait dans les allées ombreuses; c'était une de ces heures où l'homme se réconcilie avec Dieu et avec l'homme, en voyant tant de sérénité autour de lui.

Ulric recula comme devant une apparition. Entre deux touffes de figuiers sauvages qui flottaient aux parois de la ruine romaine, il vit Marguerite en habit d'homme : une redingote verte serrait étroitement sa taille élégante; une casquette écarlate couvrait ses cheveux blonds et bouclés. Le fantôme fit un signe du doigt, et Ulric marcha hardiment vers la ruine.

— Vous m'avez reconnu, c'est bien, dit l'apparition, approchez.

Ulric avait au visage cette pâleur nerveuse qui arrive aux plus braves dans les crises surnaturelles.

— Ce n'est pas sa voix, dit-il, ce ne sont pas ses yeux.

— Ajoutez, en tremblant, ce n'est pas son sexe. Je suis le frère de Marguerite.

Ulric changea de maintien et se posa fièrement.

— Savez-vous manier une épée, monsieur?

— Non, je n'ai jamais perdu mon temps à ces futilités.

— Savez-vous presser la détente d'un pistolet?

— C'est possible.

— Avez-vous du courage?

— Je n'en sais rien, je n'ai jamais trouvé l'occasion d'en montrer?

— Je vais vous l'offrir. Acceptez-vous un combat à mort?

— Avec qui?

— Avec moi.

— Avec Satan, oui; avec vous, non.

— Non! dites-vous; non!...

— Ne menacez pas, enfant, ou je vous écrase entre ces deux doigts, comme la meule écrase le grain de blé.

— C'est bien! votre conduite se soutient... Allez, allez... j'ai cru trouver un homme... le malheureux! il a sacrifié ma sœur à la femme de son ami, et il me refuse satisfaction!

Ulric bondit sur les ruines, et s'écria écumant de rage :

— Qu'avez-vous dit? qu'avez-vous dit?..

Répétez votre phrase, je ne l'ai pas entendue... Qu'avez-vous dit?

— La vérité, puisque vous êtes si ému.

— Vous allez rétracter cette atroce calomnie.

— Je ne rétracte rien.

— Si vous la rétractez, je me bats.

— Je la rétracte.

— Votre jour?

— Ce soir.

— Le lieu?

— Au pont du Gard.

— Vos armes?

— A votre choix.

— Vos témoins?

— Je serai le vôtre, vous serez le mien. quand il s'agit de l'honneur des femmes, on est déjà trop de deux.

— Vous parlez comme un homme.

— Vous verrez si je suis un enfant. Ce

IV

Quand un épouvantable incident vient de bouleverser votre âme, et que vous emportez au cœur, dans la tranquille demeure de vos amis, un secret de vengeance et de mort, une pensée de sang, rien ne frappe et n'attendrit comme le calme heureux qui règne dans la famille où vous vivez; car elle ignore la terrible scène dont elle est menacée; elle vous reçoit dans vos angoisses du jour, comme dans votre sérénité de la veille ; elle est trompée par ce faux air de quiétude que votre visage emprunte à la force de l'âme; elle ne voit pas, comme vous, le nuage livide qui souille l'horizon.

On dînait à cinq heures chez Durand : Ulric se promena quelque temps à la *Fontaine*, pour se composer une figure, et quand il se sentit l'homme de tous les jours, il entra au jardin. Durand jouait avec ses enfants; la belle Arlésienne souriait à sa famille; les oiseaux chantaient dans la volière; un rayon dorait le figuier du puits, et parfumait la treille de l'odeur du pampre; la petite gerbe du bassin donnait à l'écho un bruit clair et joyeux; par intervalles, le rossignol jetait du haut du peuplier une roulade éclatante comme une fusée d'or. Dans les rêves qu'on fait du bonheur, on entrevoit toujours un tableau de ce genre : le bonheur a des accessoires peu variés; il est simple et facile à saisir. L'homme dédaigne toujours les conquêtes faciles.

On se mit à table. Ulric avait établi sur sa figure un sourire en permanence! Il s'était résigné à cette expression de béatitude avec un courage héroïque. — Nous t'avons ménagé une surprise, lui dit Durand, et ma foi! tu me parais ce soir de si bonne humeur, que je m'applaudis de mon idée. Ecoute : ma femme est folle du bal; les Arlésiennes ont toujours adoré la danse; on a trouvé l'autre jour encore dans les fouilles du *Podium* quatre statues de danseuses; tu vois que c'est une passion héréditaire. Comme tu as pris ton parti en brave, je puis te rappeler que madame était venue d'Arles exprès au bal de Chartoux pour danser à mort, tu sais ce qui est advenu; elle n'a pas fait un temps de galop. Il fallait donc réparer les torts de cette soirée, et nous donnons ce soir un petit bal de famille et d'intimes.

Ulric retint à deux mains son sourire stéréotypé, et dit :

— Ce soir, ce soir... ah !

— Ce soir même. J'ai fait douze invitations, tu vois qu'on ne s'étouffera pas. Il y aura deux sœurs de ma femme et trois de ses cousines; elles arrivent d'Arles dans une heure, exprès pour notre bal : cinq belles créatures qui descendent de la famille arlésienne de l'empereur Gallus. C'est une collection ravissante de profils antiques, à angle droit, comme on n'en trouve plus que chez nous. Tu vois que je songe à toi, artiste.

— Ah ! c'est pour ce soir? dit Ulric nonchalamment et n'ayant pas la force de retenir le mensonge de son sourire.

— Oui, ce soir, ce soir à neuf heures;

je te prêterai un habit..... Eh bien! cela te rend soucieux..... Tu avais des projets?

— Non... oui..., oui... j'avais...

— Quel projet?

— Oui... Tu sais... ce que nous avons dit l'autre jour..... La Thébaïde... le comte Gérard... sa caravane du désert..... Dieu est grand et Mahomet.....

Madame Durand ouvrait des yeux de sphinx d'une dimension pyramidale.

— Oh! dit Durand, rien ne presse; la caravane attendra..... un ou deux jours de plus.....

— Combien faut-il de temps pour aller à cheval au pont du Gard?

— Que diable me demandes-tu là !..... Tu as été vingt fois au pont du Gard.

— Oui, le jour... mais la nuit... au clair de lune.....

— Eh bien! la lune ne meurt pas aujourd'hui..... Ah ça! il est donc écrit que tu troubleras tous les bals de la ville et de la banlieue?

— Il faut bien une heure et demie, à cheval...?

— J'ai deviné! tu as un rendez-vous avec Myrrha.

Ulric fit un signe mystérieux. Durand resta la bouche béante. Sa femme couvrit Ulric de ses yeux noirs et quitta la table. Les deux jeunes gens continuèrent.

— Tu es retombé dans le piège! dit Durand ébahi.

— Non, non... pas précisément... Tu ne conçois pas que...

— Voyons..... parle...

— Tu sauras tout demain... Aujourd'hui, j'ai une raison.....

— Et mon bal?

— Oh! il faut commencer le bal! J'espère... il est possible que je sois de retour avant la fin.

— Mais où donc as-tu pris le temps de renouer? Tu n'as pas quitté la maison depuis dix jours..... On t'a écrit?

— Oui... J'ai reçu des nouvelles de vive voix... Il se fait tard... Combien faut-il de temps pour aller, à cheval, à la grotte des Bohémiens?

— Un rendez-vous dans une grotte!

— Non... La grotte n'y est pour rien..... Tu verras..... Il est fort tard, je crois...?

— Ma foi! si tu n'es pas fou..... Oh! je ne te quitte pas... Ta figure est verte comme une feuille de vigne..... Tu me fais peur... Eh bien! tu te lèves! tu pars!

— Oui... oui... laisse... nous nous reverrons... embrasse-moi...

— Ah! tu as quelque horrible idée!... Oui, ta gaîté n'était pas naturelle quand tu es entré... tu as une infernale pensée au cœur?...

— Embrasse-moi, mon ami.

— Oh ! je ne te quitte pas...

Durand saisit Ulric à deux mains ; Ulric, avec ses bras d'athlète, se débarrassa facilement de ses étreintes, et s'élança comme un chevreuil des Cévènes par dessus les haies : l'homme le plus agile n'aurait pu suivre le jeune et impétueux montagnard. L'air porta un *adieu* déchirant au paisible jardin.

Son domestique, qui déjà avait reçu ses instructions, l'attendait dans le vestibule de sa maison.

— Tout est-il prêt? demanda Ulric.

— Oui, monsieur.

— Mon cheval?

— Sellé, à l'écurie.

— La boîte que tu as achetée?

— Pendue sous la selle et couverte.

— Tout de suite, fais mettre des chevaux de poste à ma calèche, et va m'attendre à l'auberge de Lafoux, dans la cour de l'auberge; entends-tu? Ne réponds à aucune question, et paie bien. A minuit, si je ne suis pas de retour, tu ramèneras les chevaux à Nîmes, et tu partiras le lendemain pour Saint-Hippolyte, avec cette bourse de mille écus que je te donne. Pas un seul mot de plus.

Neuf heures sonnaient à Remoulens, quand Ulric arriva au pont suspendu; mais cette fois, il ne le traversa pas. Il laissa le village et le pont à droite, et s'enfonça dans la sombre forêt de chênes qui borde la route du pont du Gard. Ne craignant plus d'arriver trop tard au rendez-vous, il ralentit le pas de son cheval et se plongea mélancoliquement dans les réflexions qui naissaient de la circonstance.

— Quel monde et quelle vie! se disait-il à voix basse, comme s'il eût fait des confidences mystérieuses à un ami. Dieu nous a donné l'amour : plaisir qui fait beaucoup de bruit, et bien au-dessous de sa réputation ! Enfin, on s'en contenterait, faute de mieux, et voilà que le hasard épuise toutes ses combinaisons pour troubler notre petite joie d'enfant ! Il y a autour d'une passion plus de buissons épineux que dans cette forêt. Il semble que tout conspire, ici-bas, contre l'amour : c'est le jardin des Espérides, gardé par un dragon ; il faut toujours courir la chance d'être dévoré, pour cueillir une pomme d'or. Moi, j'aurais pu me retirer tranquillement de cette intrigue innocente et continuer mon chemin ; point du tout : il y a un frère, s'il n'eût pas existé ! la route du plaisir est semée de frères, de pères, de maris, de rivaux, de jaloux, d'envieux, tous armés d'épées et de pistolets ! O volupté !... les anciens avaient fait de l'amour un *petit dieu malin !* C'est la seule sottise des anciens... Allons nous faire tuer !

Un ruban argenté se dessinait derrière les chênes : c'était le Gardon. Ulric doubla un promontoire de collines, à sa gauche, et découvrit le pont du Gard, dans la transparence d'une nuit d'été. Cependant le tonnerre grondait sous un nuage encore tout enflammé des exhalaisons du jour. Le roulement de la foudre retentissait à triple écho sur les arches superposées de l'aqueduc triomphal comme la roue d'airain d'un char à une ovation consulaire. Le ciel était écartelé d'azur lumineux et de ténèbres orageuses ; un sourd murmure de feuilles druidiques se prolongeait dans les bois de chênes, en se mêlant aux plaintes nocturnes et monotones du grillon.

Ulric arriva devant la grotte des Bohémiens ; il poussa un cri d'appel, et personne ne répondit ; sa voix ricocha d'ellipse en ellipse sous les arches colossales de l'aqueduc romain, comme un son que l'orchestre varie à l'infini. Le monument éternel qui a survécu aux folies séculaires de l'homme étendait ses bras pour se reposer à l'ombre de la nuit sur deux montagnes. La forêt de chêne couvrait son front comme une immense couronne murale décernée au triomphateur. Le fleuve, brisé aux angles de ces assises prodigieuses, les remplissait d'harmonie, et il semblait alors que l'aqueduc faisait un entretien sublime à la nuit, et racontait ces temps passés où Rome s'associait avec Dieu pour accomplir quelque magnifique travail.

« Quelle dérision, disait Ulric, de venir traîner nos misères aux pieds de ce géant! quels flots d'ironie ce monument laisse tomber sur nous, lui qui a usé l'ongle et la dent du Sarrasin! »

Le jeune homme laissa son cheval devant la grotte, prit ses armes, et suivant le sentier latéral qui part et monte de la grotte, il arriva sur le sommet de cette montagne ciselée qu'on appelle le pont du Gard.

Il marchait d'un pas exalté sur cette allée suspendue qui court et tremble dans l'air, comme la planche d'un architecte italien à la voûte d'une basilique; roseau délié qui flotte entre deux abîmes. Ce troisième rang d'arches rempli des harmonies de l'orage et du fleuve, semblait encore retenir dans ses veines la source d'eau triomphale, qu'il transvasait d'une montagne à l'autre, selon la volonté d'Agrippa. Les dalles énormes frémissaient comme des dalles d'airain sous le pied d'Ulric, car le temps les a disjointes et a fondu leur ciment de fer. L'artiste, dans le voisinage du ciel, avait oublié les infirmités du monde; du haut de son piédestal sublime, il embrassait tous les horizons ; il était perdu dans les nues, comme le passager d'un aérostat, et croyait voir passer la terre au-dessous de lui. A chaque instant le spectacle changeait de décor ; aux ténèbres succédait une clarté livide, qui laissait voir dans la plaine d'autres lignes d'aqueducs, comme les ombres du pont du Gard. Puis retombait encore la nuit sourde, et l'œil distinguait à peine, au fond du double précipice, le fleuve pâle, perdu sous les masses noires de chênes ; à cette hauteur, le bruit de l'eau torrentielle arrivait comme un soupir à demi éteint, exhalé par une âme en peine, errante dans le vallon.

Une voix d'homme et un galop de cheval ramenèrent Ulric aux réalités de sa vie. Ulric répondit énergiquement à la voix. Cartel funèbre échangé entre la terre et le ciel !

Ulric entendit bientôt des pas agiles qui brisaient les ronces, le long du petit sentier; le frère de Marguerite était devant lui.

— Dix heures! dit l'enfant.

— C'est bien, répondit Ulric; voulez-vous descendre?

— Nous sommes bien ici. Où sont vos armes?

— Les voilà.

— Il ne faut en charger qu'une, n'est-ce pas?

— Comme vous voudrez.

— Chargez-là, Monsieur.

— Je n'entends rien à ce travail; vous êtes militaire, cela vous revient de droit.

— Donnez.

L'enfant chargea un pistolet, ramassa l'autre, mit ensuite les deux armes dans un foulard, et donna le foulard à Ulric, en lui disant : Choisissez. Ulric plongea brusquement sa main, et prit un pistolet.

— A deux pas, Monsieur, dit l'enfant; armez. Je compte les coups; au troisième, feu!.. Un... deux... attendez, monsieur, attendez... il me vient une idée... un cas n'a pas été prévu... Nous ne voulons passer pour assassins, ni l'un, ni l'autre, n'est-ce pas? écrivons sur une feuille de papier, au crayon, notre adhésion réciproque à ce duel.

— Tout ce que vous voudrez, dit Ulric... Ecrivez, je signe.

Les deux adversaires n'avaient ni papier ni crayon.

— Nous reviendrons demain, dit Ulric.

— Non, s'écria vivement le frère de Marguerite; non! il est déjà trop tard aujourd'hui. Il faut que je sois vivant, à Toulon, demain, ou mort cette nuit au pont du Gard!

L'enfant jeta un regard sur le double abîme qui tombait à pic.

—Monsieur, dit-il, tout peut s'arranger; vous avez votre arme, j'ai la mienne. Gardons notre chance. Étendez votre main sur le précipice, comme moi, et pressons la détente. Celui de nous deux qui tient l'arme non chargée se précipitera dans l'abîme. Nous ferons croire au suicide, n'est-ce pas?

— Accordé, dit Ulric; cela m'arrange d'autant mieux que je viens de quitter un ami comme si je marchais à un suicide. A vos ordres, monsieur.

Les deux adversaires appuyèrent leurs armes sur un figuier sauvage qui saillissait de la corniche de l'aqueduc. Au signal, on n'entendit qu'un coup, le pistolet d'Ulric avait fait feu. L'enfant jeta le sien sur la dalle et s'élança...

Ulric le saisit dans l'air et fut renversé,

la moitié du corps dans l'abîme; l'enfant se débattait sous la main vigoureuse qui le retenait suspendu à la corniche tremblante. Ulric, pour donner un point d'appui à sa force, embrassait étroitement un rameau de figuier; à chaque secousse, l'arbre craquait avec un bruit effrayant, et des lambeaux de corniche tombaient au fleuve. Enfin, l'athlète montagnard fit un effort suprême; il abandonna l'arbre, au moment où l'habit de l'enfant se déchirait sous des ongles convulsifs; il le saisit à deux mains, et se releva, tel qu'un acteur de cirque, avec son fardeau. Un coup de tonnerre éclata dans l'aqueduc, comme un applaudissement d'amphithéâtre.

— Laissez-moi, criait l'enfant qui se débattait toujours avec rage; laissez-moi mourir; ne me déshonorez pas deux fois.

— Venez, venez, criait Ulric; je veux vous rendre à votre père.

— Non, non... je reviendrai demain, ici; à la même place, seul, et je me tuerai.

— Eh bien ! j'épouserai votre sœur !

Ulric, épuisé par tant d'efforts et surtout par cette dernière parole, avait rendu la liberté au frère de Marguerite; et lui tendit une main qui fut serrée cordialement.

Ils descendirent en silence le petit sentier, et remontèrent à cheval devant la grotte des Bohémiens.

— Au château de Remoulens, dit Ulric.

— Oui, il n'est jamais trop tard pour faire une bonne action.

— Votre sœur doit être bien affligée, je pense ?

— Oh ! ma sœur est mourante, monsieur, depuis ce bal.

— Ah ! si vous saviez ce qu'il m'en a coûté pour faire ce coup d'éclat... il m'eût été plus aisé de mourir !

— Je le crois, monsieur.

— Ah! je l'avais peut-être mal connue, Marguerite... Je la croyais légère, froide, insensible, évaporée; et moi, j'ai tant besoin d'une âme de feu qui réponde à la mienne!

— Oui; vous l'aviez mal jugée, ma sœur.. Si je croyais qu'elle ne dût pas vous rendre heureux, je serais le premier à m'opposer au mariage. Car vous méritez du bonheur, Ulric; tout enfant que je suis, je vous comprends, et je vous ai jugé.

— Ne craignez-vous pas que mon retour ne cause à votre sœur quelque mouvement de joie dangereuse... dans son état de faiblesse?

— Sans doute... nous la préparerons.

— Connaît-elle notre affaire du pont du Gard?

— Oh! personne n'est dans le secret. On me croit au théâtre à Nîmes.

— C'est sage,... Quelle douceur dans l'air! Comme on se calme vite, en respirant la fraîcheur de ces bois! n'est-ce pas?

— Moi, je suis tout renouvelé; je me sens léger sur mon cheval ; je crois vivre dans un heureux rêve. Donnez-moi la main, Ulric, mon frère... mon sauveur.

— Merci, merci de votre affection... Oh! comme le cœur me bat!.. Voilà le pont suspendu de Remoulens.

— Il est moins dangereux que le pont du Gard, celui-là.

— Je vois des lumières au château... Écoutez; traversons le pont, et allons à pied dans l'avenue, pour nous refaire un peu; nous devons être dans un état horrible.

Après le pont, ils descendirent de cheval, entrèrent dans une ferme, et réparèrent à la hâte le désordre de leur toilette.

Ulric ne s'était pas trompé, il y avait beaucoup de lumière à la maison de campagne. Les deux jeunes gens avançaient avec timidité.

— Je dois me tromper, dit Ulric en riant, il me semble que j'entends le piano...

— Oh! le piano, dit le frère, à cette heure... c'est impossible... Ma sœur n'a pas touché le piano depuis.... A moins qu'elle ne joue *la Folle* de Grisar... quelque chose de situation... l'andante de la symphonie en *ut mineur* de Beethoven...

— Parole d'honneur, dit Ulric, j'ai un mensonge dans les oreilles... Je crois entendre une contredanse... le quadrille danois...

— Bah! impossible... *Tra la la, tra la la, quel est donc cet air?*... c'est *la Folle*...

— C'est incroyable! mes oreilles mentent...

— *Il s'approcha vers moi... d'un air... c'*est *la Folle.*

— Mais on danse aussi, on danse, vous dis-je...

Le frère resta muet. Ulric traversa la terrasse, et colla ses yeux aux persiennes du salon.

Il fit un signe au frère, qui s'approcha la tête basse.

Le conseiller municipal de l'autre soir jouait le quadrille danois au piano. Un grand éclat de rire remplit le salon. Ulric reconnut celle qui riait ainsi. Marguerite, rayonnante d'un bonheur perpétuel, en robe de batiste blanche, les cheveux nattés, avec deux médaillons de cristal, dansait le *solo* de la *pastourelle*, et le père offrait des rafraîchissements à la société.

Ulric se pencha à l'oreille de l'enfant et lui dit : — Voulez-vous retourner au pont du Gard ?

Le frère de Marguerite, les yeux humides de larmes, embrassa Ulric et lui dit:

— Je vous comprends! adieu! ne nous revoyons plus.

Ulric courut à la ferme, remonta à cheval, et en trois bonds il atteignit l'auberge de Lafoux. Là, il trouva sa chaise de poste et deux hommes, son domestique et Durand.

— Toi ici, Durand!

— Depuis une heure.

— Eh bien! comme tu vois, je me porte bien... je suis calme.

— Oh! que j'ai du plaisir à te revoir! Laisse-moi te serrer la main... tu m'expliqueras ce mystère.... Allons à Nîmes; viens... laisse-là ta chaise de poste...

— Je suis bien indécis...

— Oh! tu ne partiras pas cette nuit!

— Je ne sais pas...

— Depuis deux heures je serais ici; mais

tu nous a bouleversés à la maison : ma femme s'est évanouie, elle est sensible à l'excès. Il a fallu donner des secours, que sais-je moi!

Ulric regarda fixement son ami et parut agité d'une convulsion nerveuse. Ce fut avec une voix bien altérée qu'il lui dit:

— Me voilà décidé, je pars!...

— Où vas-tu?

— Embrassons-nous.

Ulric s'élança dans la calèche et tendit encore les mains à Durand.

— Je vais à la Thébaïde de 1836... Postillon, toujours en courrier en avant, et route de Lyon, par Remoulens.

PONCE PILATE A VIENNE.

Ponce Pilate à Vienne.

Il est des villes dont le nom semble porter avec lui quelque chose de mystérieux. De ce nombre, Palerme, en Sicile; Venise, en Italie; Cologne, en Allemagne. Nous avons, en France, Vienne la Dauphinoise, qui a aussi sa physionomie à part, et qui emprunte à de vagues et singulières traditions un intérêt que le voyageur ressent et qu'il ne peut définir. Vienne est la Cologne française. Cologne a une cathédrale bâtie par le démon : sombre église qui regarde passer le Rhin, et dans laquelle ont été inhumés les trois rois adorateurs de Jésus enfant. Cela suffirait déjà pour donner à cette ville un caractère merveilleux. Vienne a sa cathédrale aussi; l'église chrétienne a remplacé un temple que Brennus avait élevé à Teutatès. Le Rhône coule devant, avec son impétuosité si gracieuse. Sur sa rive gauche, on voit un tombeau sans nom et d'une architecture étrange. C'est le tombeau de Pilate, dit la tradition; Pilate, sous lequel Jésus-Christ a souffert. *Passus est sub Pontio Pilato.* On montre aussi, tout près de Vienne, le mont *Pilat; mons Pilatus.* Ce qui est certain, c'est que le gouverneur de la Judée est mort à Vienne sous l'empereur Caligula [*]. L'au-

---

[*] On trouve en Suisse un autre mont Pilat; c'est ce qui a pu accréditer chez les Suisses que Pilate était mort dans leur

teur de la légende du Juif errant fait passer Isaac Laquedem à Vienne, en Dauphiné, en 1777; il a choisi cette ville de préférence à une autre, par inspiration de localité.

> Il passa par la ville
> De Vienne en Dauphiné...
> Jamais on n'avait vu
> Un homme si barbu,

dit la legende. Il fallait, en effet, que le Juif errant se révélât dans la ville où Pilate est mort.

Ce court préambule était nécessaire pour arriver à la chronique suivante, qui m'a été inspirée par un vieux manuscrit latin que j'ai lu au château de M. V.-S***, entre Vienne et le Péage, au mois de septembre dernier.

---

pays. Rome n'aurait jamais désigné la Suisse pour lieu d'exil à un vieillard qui avait passé toute sa vie sous les plus chaudes latitudes de l'empire. C'est incontestablement à Vienne que Pilate est mort.

Caligula régnant, et C. Marcio étant préteur de Vienne, on vit arriver, par la porte triomphale, dans cette métropole de la Gaule une litière escortée de plusieurs cavaliers. Il y eut un grand concours de peuple. La litière s'arrêta devant une maison d'humble apparence et presque contiguë au temple de Mars. Le nom de F. Albinus était écrit en lettres rouges sur la porte de cette maison. Un vieillard d'une taille haute et courbée, *proceritate curvâ*, descendit assez lestement de la litière, malgré son âge, et entra, précédé de deux esclaves hébreux, dans le salon de réception, *essedra*, où sans doute il était attendu par le maître dont il était l'ami.

L'esclave du bain conduisit le vieillard à la *nymphée*, pour le baigner et l'oindre d'essences. Ensuite on alluma les lampes du cénacle, et on servit le repas du soir.

Albinus était seul au *triclinium* avec

l'étranger. A peine eut-on servi le plat d'œufs frais, que l'entretien commença entre les deux convives.

— Bien des années se sont écoulées depuis notre séparation, dit Albinus; vidons une coupe du vin du Rhône à ton retour.

—Oui, bien des années, dit le vieillard; et maudit soit le jour où j'ai succédé à Valérius Gratus dans le gouvernement de Judée! Mon nom est malheureux; il y a une fatalité attachée à qui le porte. Un de mes aïeux, le consul Pontius, imprima sur le front de Rome une note d'infamie; il passa sous les fourches caudines, dans la guerre des Samnites. Un autre a péri chez les Parthes, dans la guerre contre Arminius; et moi, moi!!!

La coupe s'arrêta sur les lèvres du vieillard, et des larmes tombèrent dans le vin.

— Eh bien! toi, qu'as-tu fait?... L'injustice de Caligula t'exile à Vienne; et pour quel crime? J'ai lu ton affaire au *tabularium*. Tu as été dénoncé par Vitellius, préfet de Syrie, qui est ton ennemi; tu as châtié des Hébreux rebelles qui avaient égorgé des Samaritains de notre famille, et s'étaient retranchés ensuite sur le mont Garizim. On t'accuse d'avoir agi ainsi en haine des Juifs...

— Non, non, Albinus; par tous les dieux, ce n'est point cette injustice de César qui m'afflige.

— As-tu commis des exactions en Judée?

— Jamais.

— As-tu enlevé des belles Juives à leurs maris?

— Jamais.

— As-tu mis au gibet des citoyens romains, comme Verrès en Sicile.

Pilate ne répondit pas.

— Je t'ai toujours connu bon et sensé, poursuivit Albinus; aussi ai-je crié tout haut dans la Cité qu'on avait agi contre toi royalement, *regiè*, en te dépossédant. Il n'en a pas été référe au sénat. Tu es victime d'un caprice de Vitellius.

— Albinus, mettons l'entretien sur un autre sujet. Je suis fatigué, j'arrive de Rome. Remettons à demain les choses sérieuses, comme dit le sage. Ce vin du Rhône est exquis.

— Garde-toi du vin du Rhône, Pilate, il trouble la raison.

— Tant mieux! mais je ne le crains pas; je suis habitué au vin de la vigne d'Engaddi; c'est un puissant Bacchus!

— Fais à ta liberté. Dis-moi, toi qui viens de Rome, quelle chose publique avons-nous?

— Les augures sont mauvais. Je n'ai pas reconnu Rome; elle ne monte plus, elle elle descend.

— Que dis-tu?

—Je dis ce qui est. Tu n'entends pas, toi, d'ici, ce bruit souterrain qui gronde. Il y a une puissance invisible et supérieure qui pousse l'empire à sa ruine. Nos dieux sont vaincus; nos dieux s'en vont. Écoute, Albinus; laisse-moi, ce soir encore, donner un sourire à tes pénates. Ne parlons pas de ce qui afflige. La nuit est mère de la tristesse, mais le triclinium conseille la gaieté. Dis à l'enfant de verser du vin de Crète, et à l'esclave cubiculaire de m'apporter mes sandales et de préparer mon lit. Je n'aime pas la nuit sombre; ayons hâte de dormir pour faire avancer le jour.

Albinus s'inclina, et il fut fait selon les désirs de Pilate.

Et comme l'esclave s'approchait avec une aiguière d'argent, pour servir à l'ablution des mains, et la présentait à Pilate, on vit sur la figure du vieillard une grande pâleur, et dans ses yeux un reflet infernal.

Le lendemain, c'était la veille des calendes d'Auguste. Pilate se promenait, avec Albinus, dans la cité romaine de Vienne, et il écoutait, avec distraction, les paroles de son ami, qui se plaisait à lui montrer les divers quartiers, et les monuments superbes qui s'y élevaient de toutes parts.

— Il ne reste déjà plus de trace, ici, de la domination des Allobroges, disait Albinus. Depuis la mort de Jules-César, les Allobroges ont cessé d'inquiéter cette ville. La vie est douce et paisible à Vienne, et tu peux y passer avec sécurité les jours que te laisseront les dieux.

Voilà devant nous le palais des empereurs ; il n'est pas aussi grand, aussi somptueux que celui du Palatin, mais il peut suffire à des maîtres qui ne l'habitent pas. tu regardes à gauche, tu reconnaîtras le temple d'Auguste et de Livie : si tes yeux ne sont pas affaiblis par le soleil de Judée, tu peux lire d'ici l'inscription, *Divo Augusto et Liviæ.* Plus loin est le temple dédié aux cent Dieux. Si nous allons au promenoir de Rome, nous trouverons l'étang qui sert de naumachie, et nous descendrons du côté du fleuve, pour respirer un peu de fraîcheur sur le pont. Vienne, comme tu peux déjà le remarquer toi-même, est une résidence fort agréable; le climat y est doux; les montagnes qui l'entourent et la dominent de près, l'abritent aussi contre la violence des vents. Nous sommes à quinze milles de Lyon; le Rhône nous abrège le chemin de Marseille et d'Arles. Ces trois importantes cités sont sous la dépendance de Vienne, ainsi que Tibère l'a décrété. Remercie donc le destin qui t'a donné Vienne pour lieu d'exil.

Albinus remarqua du trouble sur le visage du vieillard.

Pilate avait les yeux fixés sur un nuage de poussière qui s'élevait de la rive du Rhône, et à travers lequel on voyait luire des armes et galoper des cavaliers.

—C'est le préteur, dit Albinus; il vient de visiter les travaux de l'amphithéâtre; c'est sa promenade de tous les jours.

—Évitons le préteur, dit Pilate; que mon visage ne lui soit jamais connu.

Ils gagnèrent la rue Quirinale pour rentrer chez eux, mais la foule des oisifs, attirée par le bruit des clairons, descendait vers la rive, pour voir passer le préteur et l'escorte. Pilate se trouva environné par le flot de populace, et sa précipitation fut remarquée, comme il arrive toujours lorsqu'un homme seul marche avec hâte dans une direction opposée à un attroupement de curieux.

Son costume aurait suffi d'ailleurs pour lui attirer quelques brocards. Pilate, dans un long séjour en Judée, avait pris des habitudes hébraïques de corps, de gestes, de tournure, de vêtements. Sa figure même, ses cheveux noirs et crépus, son teint brun (il était Espagnol d'origine), décelaient plutôt l'Hébreu que le Romain.

Des voix disaient à côté de lui : — Laissez passer le Juif, il va au sabbat.

D'autres voix : — Petites mères (*materculæ*), gardez bien vos enfants, le loup est descendu du Quirinal.

Un sculpteur s'écria : — Il faut le prendre et le mettre en croix.

Ces menaces n'eurent pas de suite ; Pilate, la tête basse et le geste suppliant, traversa la foule et parvint au haut de la rue Quirinale. Là une autre scène l'attendait.

Une porte était ouverte ; il crut reconnaître la maison d'Albinus, elle ressemblait à toutes les maisons voisines, et il entra précipitamment, fermant la porte derrière lui.

Un cri foudroyant le glaça de terreur; il entendit son nom prononcé devant lui, et il se boucha les oreilles avec ses mains.

Le maître et sa famille travaillaient à des ouvrages de vannerie sous le péristyle intérieur appelé *impluvium*. En voyant entrer Pilate, le maître l'avait reconnu, car il savait le nom trop célèbre de l'étranger arrivé la veille en exil dans la cité de Vienne. Pilate! Pilate! s'était-il écrié; et les femmes et les enfants, laissant tomber leurs tresses d'osier, avaient répété ce nom formidable tout couvert du sang de Dieu. C'était une famille chrétienne.

Pilate leur demandait asile, mais on ne le comprenait pas; il parlait un latin mêlé d'hébreu à des Gaulois allobroges. Cependant, comme le nom d'Albinus revenait souvent dans sa supplique, le père de famille fit signe aux femmes et aux enfants de s'asseoir, et comme s'il se fût souvenu de quelque divin précepte recueilli la veille dans un lieu secret de prédication, il s'approcha de Pilate avec une physionomie calme, ouvrit la porte de sa maison, et lui désigna du doigt la demeure de son voisin Albinus. Pilate traversa la rue et rentra chez son ami.

Albinus avait été séparé violemment par la foule de son compagnon de promenade; peut-être même avait-il été ravi de trouver une favorable occasion de s'écarter d'un homme dont l'intimité pouvait le compromettre en public. Quoiqu'il en soit, le prudent Albinus regarda passer le préteur, fit bonne contenance de courtisan, cria *vivat imperator*, et loua la rare magnificence de l'escorte prétorienne et la beauté des chevaux. Après il s'achemina vers sa maison, où il trouva son ami dans les convulsions du désespoir.

— Je suis reconnu, s'écria Pilate en voyant Albinus; les petits enfants me désignent du doigt sur le chemin. O Albinus! souviens-toi que nos lèvres d'adolescents se sont murmuré des paroles d'amitié; souviens-toi que nous avons joué ensemble sur l'arène du Tibre, que nous nous sommes assis aux mêmes banquets, que nos coupes se sont unies dans les mêmes libations. Souviens-toi de tout cela, et protège-moi de l'ombre inviolable de ton laurier domestique; je me réfugie sous les ailes de ta sainte hospitalité.

Albinus fut ému; il bégaya quelques mots; il prit une des mains de Pilate et la serra.

— Il y a donc des chrétiens à Vienne? demanda Pilate en tordant ses bras au-dessus de son front.

—Oh! n'y en a-t-il pas partout? dit Albinus, excepté dans nos temples; tu redoutes donc bien ces gens-là?

—Oh! oui, oui, je les redoute; je redoute tout le monde, Juifs, Romains, païens, tous me sont terribles et odieux. Les Romains voient en moi un homme criminel tombé dans la disgrâce de César, les Juifs le proconsul sévère qui les a persécutés, les chrétiens le bourreau de leur Dieu.

—De leur Dieu! de leur Dieu! les impies!

—Albinus! garde-toi de ta langue.

—Ils adorent comme un Dieu ce Jésus le Nazaréen, né dans une étable, et mis à mort sur une croix.

—Ils ne l'adoreraient pas s'il eût vécu sur des tapis de pourpre, et s'il eût respiré sous des poutres d'or.... Albinus, je vais soumettre ma vie au tribunal de ton amitié; tu vas voir si je suis digne de l'hospitalité que tu me donnes.

Pilate s'assit sur une estrade, et dit : — Ordonne, Albinus, qu'on ferme les portes, et que l'esclave veille sur le seuil, comme si la jeune vierge venait de recevoir le fruit de l'arbre de coing des mains de son époux. L'oreille de César est ouverte partout...... Écoute, maintenant, Albinus; tous mes malheurs viennent de la mort de cet homme, le Nazaréen : Tibère m'a maudit à cause de lui; Caligula m'exile encore à cause de lui; car cette audace des chrétiens qui menacent l'empire a commencé au pied du Calvaire. Si Jésus n'eût pas été mis à mort, la secte de ses disciples n'eût pas franchi la mer de Césarée et l'eau du Jourdain. C'est la mort d'un homme qui a fait tant de martyrs. Mais la pouvais-je empêcher, moi, cette mort? Lorsque je partis pour succéder à Valerius Gratus, Séjan me fit appeler au Palatin, et me donna ses instructions. « La politique romaine, me dit-il, est connue de toi ; peu de paroles te suffiront. La Judée est un beau pays ; après l'avoir conquise par les armes, il faut en achever la conquête par une paternelle administration. Applique tes soins à faire bénir le nom romain. Nous avons laissé aux Juifs un roi de leur race ; nous leur avons laissé leur temple, leurs lois, leur religion. C'est un peuple fier et brave ; il a des annales héroïques, et il s'en souvient : gouverne-les avec sagesse, afin qu'ils te regardent comme un étranger qui les visite, et non comme un maître qui les tient sous le joug. »

« Je partis avec ma femme et mes serviteurs. Arrivé au bourg de *Tres Tabernœ*, je rencontrai Tibère qui s'en revenait de la Pannonie. En reconnaissant la litière impériale, je descendis de la mienne, pour saluer César. Il avait connu, à Brindes, ma nomination, et l'avait sanctionnée; il me tendit la main avec bienveillance, et me dit: « Pontius, vous avez un beau gouvernement; ayez une main forte et une parole douce. Agissez pour la chose publique, selon votre bon sens, et n'oubliez pas l'éternelle maxime du peuple romain,

Parcere subjectis et debellare superbos.

Allez, et soyez heureux. »

« Les augures étaient favorables, tu le vois.

« J'arrivai à Jérusalem, je pris possession du prétoire avec solennité, j'ordonnai les préparatifs d'un festin splendide auquel j'invitai le tétrarque de Judée, le pontife et les princes des prêtres. A l'heure fixée aucun de mes convives ne parut; c'était un affront sanglant. Quelques jours après, le tétrarque daigna m'honorer de sa visite;

il fut grave et dissimulé. Il prétendit que la religion leur défendait de s'asseoir à nos tables et de faire des libations avec les gentils. Je crus devoir accepter gracieusement cette excuse; mais dès ce jour les vaincus se déclarèrent en hostilité avec les vainqueurs.

« En ce temps-là Jérusalem était la cité conquise la plus difficile à gouverner qui fût au monde; le peuple était d'une telle turbulence que je m'attendais chaque jour à voir éclater une sédition. Je n'avais pour la réprimer qu'un centurion et une poignée de soldats. J'écrivis au préfet de Syrie de m'envoyer un renfort de troupes; il me répondit qu'il en avait à peine assez pour lui. Ah! c'est un malheur que l'empire soit si grand; nous avons plus de conquêtes que de soldats.

« Entre tous les bruits qui circulaient chaque jour autour de mon prétoire, il y en

eut un auquel je prêtai quelque attention.
La rumeur publique et mes agents secrets
disaient qu'un jeune homme avait paru en
Galilée avec un charme onctueux de paroles et une noble austérité de mœurs, et
qu'il s'en allait par la ville et les bords du
lac prêchant une loi nouvelle au nom du
Dieu qui l'avait envoyé. Je crus d'abord
que cet homme avait l'intention d'ameuter
le peuple contre nous, et que ses discours
préparaient la révolte. Mes craintes furent
bientôt dissipées; Jésus le Nazaréen parlait
plutôt en ami des Romains qu'en ami des
Juifs. Un jour je passais en litière sur la
grande place publique de Siloë; il y avait
un grand concours de peuple, et je remarquai au centre des groupes un jeune homme, le dos appuyé contre un arbre, qui
parlait avec calme à la foule. On me dit
que c'était Jésus; je l'aurais deviné sans
peine, tant il était différent des autres

hommes qui l'écoutaient. Il paraissait âgé de trente ans; ses cheveux et sa barbe, d'un blond de feu, donnaient à sa figure dorée une teinte lumineuse. Je n'ai jamais vu un regard plus doux, une face plus sereine; quel contraste il faisait à côté de ses auditeurs aux barbes noires, au teint brun! De peur de gêner par ma présence la liberté de sa parole, je continuai ma promenade et je fis signe à mon secrétaire de se mêler aux groupes et d'écouter. Mon secrétaire se nommait Manlius; il était petit-fils de ce chef de conjurés qui campait en Étrurie en attendant Catilina. Manlius habitait depuis long-temps la Judée; il connaissait à fond la langue hébraïque; il m'était dévoué, je pouvais me fier à lui. Rentré au prétoire, je trouvai Manlius qui me rapporta les paroles que Jésus avait prononcées à Siloë. Je n'ai jamais entendu au *Portique*, je n'ai jamais lu dans les livres des sages quelque chose de comparable aux maximes qui étaient arrivées aux oreilles de Manlius. Un de ces Juifs rebelles, qui abondent à Jérusalem, ayant demandé à Jésus s'il fallait payer l'impôt à César, Jésus lui répondit : *Rendez à César ce qui est à César et à Dieu ce qui est à Dieu*

« De là vint cette grande liberté que je fis accorder au Nazaréen ; il était en mon pouvoir sans doute de le faire arrêter à son premier discours, de l'embarquer sur une galère et de l'envoyer dans le Pont ; mais j'aurais cru agir contre la justice et le bon sens romain. Cet homme n'était ni séditieux ni rebelle ; je le couvris, à son insu peut être, de ma protection ; il put agir, parler, assembler le peuple, remplir toute une place de ses auditeurs, se créer une légion de disciples, s'en faire suivre au lac, au désert, à la montagne ; jamais un ordre du prétoire n'est venu troubler ni l'auditoire, ni l'orateur. Si quelque jour, que les dieux écartent ce présage ! si quelque jour la religion de nos pères tombe devant la religion de Jésus, c'est à sa noble tolérance que Rome devra de précoces funérailles ; et moi, malheureux ! moi, j'aurai été l'instrument de ce que les chrétiens nomment la Providence, de ce que nous nommons le destin.

« Mais cette liberté infinie que Jésus tenait de ma protection révoltait les Juifs, non pas ceux de la populace, mais les riches et les puissants. Ceux-là, il est vrai, Jésus ne les ménageait point, et c'était pour moi une raison politique de plus de laisser la parole libre au Nazaréen. *Scribes et pharisiens*, leur disait-il, *vous êtes des races de vipères, vous êtes des sépulchres blanchis.* D'autres fois, il raillait amèrement l'orgueilleuse aumône du publicain, et lui disait que l'obole secrètement déposée par la pauvre femme, était plus précieuse devant Dieu. Chaque jour, de nouvelles plaintes arrivaient au prétoire contre l'insolence de Jésus. Je recevais des députations qui venaient faire leurs doléances au pied de mon tribunal. On me disait qu'il arriverait malheur à Jésus; que ce ne serait pas la première fois que Jérusalem aurait lapidé ceux qui se disent prophètes, et que si le prétoire refusait justice, on en référerait à l'empereur.

« J'avais pris les devants, moi. J'avais fait des lettres à César, et la galère de Ptolémaïs les avait portées à Rome. Ma conduite était approuvée par le sénat; mais on me refusait le renfort de troupes que je demandais, ou du moins on me faisait espérer que la guerre des Parthes terminée, on augmenterait la garnison de Jérusalem. C'était me renvoyer bien loin, car les guerres des Parthes ne finissent jamais chez nous.

« Étant trop faible pour prévenir une sédition, je résolus de prendre un parti qui devait ramener le calme dans la cité, sans faire descendre la fierté du prétoire à d'humiliantes concessions. Je mandai auprès de moi Jésus le Nazaréen.

« Il s'inclina devant le porteur de ma missive, et se rendit au prétoire sur-le-champ.

« O Albinus! aujourd'hui que l'âge a brisé les ressorts de mon corps, et que mes muscles demandent en vain un peu de force virile à mon sang refroidi, je ne m'étonne point si quelquefois Pilate tremble ; mais alors, j'étais jeune, et j'avais au cœur un sang espagnol mêlé de sang romain, à l'épreuve de toute puérile émotion. En voyant entrer le Nazaréen dans ma *basilique,* où je me promenais, il me sembla qu'une main de fer me clouait sur le pavé de marbre : je crus entendre gémir, aux colonnes, les boucliers de bronze doré consacrés à César. Le Nazaréen, lui, était calme comme l'innocence ; il s'arrêta devant moi, et par un geste simple, il eut l'air de me dire : « Me voici. » Je considérai quelque temps, avec une admiration mêlée de terreur, ce type extraordinaire d'homme inconnu chez nos innombrables sculpteurs qui ont donné une forme et un visage à tous les dieux, à tous les héros. « Jésus, lui dis-je enfin, et ma langue était émue, Jésus de Nazareth, depuis trois ans environ je vous ai laissé librement discourir sur la place publique, et je ne m'en repens pas. Vos paroles ont toujours été d'un sage ; je ne sais si vous avez lu Socrate et Platon, mais il y a dans vos discours une simplicité majestueuse qui vous élève même au-dessus de ces grands philosophes; l'empereur le sait, et moi, son humble représentant à Jérusalem, je me félicite d'avoir appelé sur vous la tolérance dont vous êtes digne. Il ne faut point vous cacher, cependant, que vos paroles ont excité autour de vous des haines terribles et puissantes; ne vous étonnez point d'avoir des ennemis; Socrate a eu les siens qui l'ont tué : les vôtres sont doublement irrités contre vous et contre moi; contre vous, à cause de vos discours; contre moi, à cause de la liberté que je vous accorde; ils m'accusent même sourdement d'être de complicité avec vous, pour ruiner le peu de puissance civile que Rome a laissée aux Hébreux. Je ne vous intime point d'ordre, je vous engage seulement à ménager davantage l'orgueil de vos ennemis, afin qu'ils n'ameutent point contre vous une populace stupide, et que je ne sois point obligé de détacher de ces trophées la hache et les faisceaux, qui ne doivent être ici qu'un ornement, et jamais un épouvantail.

« Le Nazaréen me répondit :

« — Prince de la terre, vos paroles viennent d'une fausse sagesse. Dites au torrent de s'arrêter au milieu de la montagne, parce qu'il va déraciner l'arbre des vallées. Le torrent vous répondra qu'il obéit à l'ordre de Dieu. Il n'y a que Dieu qui sache où va l'eau du torrent. En vérité, je vous le dis, avant que les rosiers de Sârons aient fleuri, le sang du juste sera répandu.

« — Je ne veux point que votre sang soit répandu, m'écriai-je vivement. Vous êtes plus précieux devant moi, à cause de votre sagesse, que tous ces turbulents et orgueilleux pharisiens, qui abusent de la tolérance romaine, conspirent contre César, et prennent notre bonté pour de la crainte.

Malheureux ! qui ne savent pas que la louve du Tibre se revêt quelquefois d'une toison de brebis! moi, je vous défendrai contre eux; mon prétoire vous est ouvert comme lieu de refuge; c'est un asile sacré.

« Il secoua nonchalamment la tête avec un sourire d'une grâce divine, et me dit :

« — Quand le jour sera venu, il n'y aura point d'asile pour le fils de l'homme, ni sur la terre, ni dans les lieux profonds. L'asile du juste est là-haut. Il faut que ce qui a été écrit dans les livres des prophètes soit accompli.

« — Jeune homme, lui dis-je, je viens de vous adresser une prière; je vous intime un ordre, maintenant. La sécurité de la province confiée à ma vigilance l'exige; je veux que la modération rentre dans vos discours; prenez garde d'enfreindre mes volontés. Vous connaissez mes intentions. Allez, et soyez heureux

« En disant cela, ma voix descendit de la sévérité au ton de la douceur. Une parole acerbe ne trouvait pas d'issue pour s'exhaler devant cet homme extraordinaire, qui appaisait les tempêtes du lac d'un signe de tête, ainsi que ses disciples le témoignaient.

« — Prince de la terre, me dit-il, ce n'est point la guerre que j'apporte aux nations, mais l'amour et la charité. Je suis né le jour où César-Auguste donnait la paix au monde romain. La persécution ne peut venir de moi; je l'attends des autres et je ne la fuis pas. Je vais au-devant d'elle, pour obéir à la volonté de mon père, qui m'a tracé la route. Gardez votre prudence insensée. Il n'est pas en votre pouvoir d'arrêter la victime au pied du tabernacle d'expiation.

« Après avoir dit ces choses, il disparut comme une ombre lumineuse derrière le rideau de la basilique.

« Que pouvais-je de plus? Il fallait subir le destin. Le tétrarque, qui régnait alors en Judée, et qui est mort dévoré par les vers, était un homme imbécille et méchant. Les chefs de la loi avaient choisi cet Hérode pour en faire l'instrument de leurs haines. Ce fut à lui que toute la cohorte ennemie s'adressa pour tirer vengeance du Nazaréen.

« Si Hérode n'eût consulté que sa passion, il aurait fait mettre à mort Jésus sur-le-champ; mais, quoiqu'il prît sa débile royauté au sérieux, dans les petites circonstances, il recula cette fois devant un acte qui pouvait le desservir auprès de César.

« Quelques jours après, je le vis arriver au prétoire; il entama l'entretien avec moi sur des choses indifférentes, pour cacher le but véritable de sa visite, et comme il se levait de son siège pour sortir, il me demanda, avec une parole nonchalante, quelle était mon opinion sur le Nazaréen.

« Je lui répondis que Jésus me paraissait un de ces philosophes graves, comme les grandes nations en produisent quelquefois ; que sa parole n'était nullement dangereuse, et que l'intention de Rome était de laisser à ce sage sa liberté d'action et de discours.

« Hérode me sourit avec malignité, et, me saluant avec un respect ironique, il partit.

« La grande fête des Juifs approchait. On voulut mettre à profit l'exaltation populaire qui se manifestait toujours aux solennités de Pâques. La ville était inondée d'une populace tumultueuse qui vomissait des cris de mort contre le Nazaréen. Mes émissaires me rapportaient que le trésor du temple avait été employé à soudoyer le peuple. Le danger était pressant. Un centurion venait d'être insulté; on lui avait brisé son cep de vigne; on avait couvert sa figure de crachats.

« J'écrivis à Ptolémaïs, où résidait le préfet de Syrie, et je lui demandai cent fantassins et autant de cavaliers. Le préfet persista dans son premier refus. J'étais seul avec quelques vétérans dans une ville mutinée; trop faible pour comprimer le désordre, et n'ayant d'autre parti à prendre que de le tolérer.

« On s'était emparé de Jésus, et la populace triomphante qui, non-seulement savait qu'elle n'avait rien à craindre du prétoire, mais qui croyait, sur la foi de ses meneurs, que je donnais une adhésion tacite à la sédition, la populace se ruait sur les pas du Nazaréen en criant : « Qu'on le saisisse et qu'il soit mis en croix. » Trois castes puissantes s'étaient coalisées contre Jésus ; les hérodiens et les saducéens d'abord ; ceux-là paraissaient agir, dans la sédition, par un double motif ; ils haïssaient le Nazaréen, et ils étaient impatients du joug romain. Ils ne m'avaient jamais pardonné d'être entré dans leur ville sainte avec des drapeaux à l'image de l'empereur ; et, bien que dans cette circonstance je leur eusse fait une fatale concession, le sacrilège n'en avait pas moins été commis à leurs yeux. Ils se souvenaient encore d'un autre grief. J'avais voulu faire contribuer le trésor du temple à des monuments d'utilité publique, ce qui m'avait été brutalement refusé. Les pharisiens étaient les ennemis directs de Jésus ; ceux-là ne songeaient point au gouverneur ; ils avaient supporté trois ans, avec aigreur, les discours sévères que le Nazaréen allait semant contre eux partout. Trop faibles et trop pusillanimes pour agir isolés, ils avaient embrassé avec ardeur la querelle des hérodiens et des saducéens. En dehors de ces trois partis, j'avais encore à lutter contre cette foule d'hommes perdus, qui sont toujours prêts à se jeter dans une sédition pour jouir du désordre et boire du sang.

« Jésus fut traîné au conseil des prêtres et condamné à mort. Le grand-prêtre Caïphe fit alors un acte dérisoire de subordination ; il m'envoya le condamné pour que j'eusse à prononcer le jugement et le faire exécuter. Je fis répondre que Jésus étant Galiléen, cela ne me concernait point, et je renvoyai Jésus à Hérode. Le rusé tétrarque se fit humble ; il protesta de sa déférence envers le lieutenant de César, et remit entre mes mains le sort de l'homme.

Bientôt mon palais ressembla à une citadelle assiégée par une armée; car à chaque instant la sédition recevait de nouveaux renforts; il en était venu des montagnes de Nazareth, des villes de Galilée, des plaines d'Esdrelon. Toute la Judée inondait Jérusalem.

« J'avais pour femme une Gauloise qui tenait, des filles de sa nation, le don surnaturel de lire dans l'avenir. Elle vint se jeter, pleurante, à mes pieds, et me dit : « Garde-toi de porter sur cet homme des mains violentes. Cet homme est sacré. Cette nuit je l'ai vu en songe; il marchait sur les eaux, il volait sur l'aile des vents, il parlait à la tempête, aux palmiers du désert, aux poisons du lac, et on lui répondait. Le torrent de Cédron a roulé du sang; les images de César m'ont paru souillées par la fange des gémonies; les colonnes du prétoire se sont écroulées; le soleil s'est voilé de noir comme une vestale au tombeau. Il y a du malheur dans l'air, ô Pilate ! et si tu ne crois pas aux paroles de la Gauloise, écoute dans l'avenir les malédictions du sénat et de César contre le lâche proconsul. »

« En ce moment, mon escalier de marbre tremblait sous les pas de la multitude. On me ramenait le Nazaréen. J'entrai dans la salle du tribunal, suivi de mes gardes, et je dis, d'une voix sévère à la foule : — Que voulez-vous ?

« — Nous voulons la mort du Nazaréen, criait le peuple.

« — Quel est le crime du Nazaréen ?

« — Il a blasphémé, il a prédit la ruine du temple ; il se dit le fils de Dieu, il se dit le Messiah, il se dit le roi des Juifs.

« — La justice romaine ne punit pas ces crimes par la mort. »

« — Qu'on le saisisse, qu'il soit mis en croix !

Le palais était ébranlé jusqu'en ses fondements par ces cris épouvantables. Un homme seul était calme au mileu de cette scène, le Nazaréen. On l'aurait pris pour la statue de l'Innocence dans le temple des Euménides.

« Après bien des efforts, tentés inutilement pour l'arracher au pouvoir de cette multitude qui s'était fait souveraine, j'eus la faiblesse damnable de prendre une résolution, la seule, selon mes idées du moment, qui pût au moins sauver sa vie. J'ordonnai qu'il fût battu de verges, et demandant une aiguière, je me lavai les mains, aux yeux de la foule qui n'écoutait pas ma voix, mais qui pouvait du moins saisir le sens allégorique de mon action.

C'était sa vie qu'ils voulaient, les malheureux! Bien des fois, dans nos troubles civils, j'ai vu ce que peut l'acharnement de la foule; mais tous mes tableaux de souvenir étaient effacés par ce que je voyais en ce moment. On aurait dit qu'une puissance infernale avait peuplé Jérusalem de tous les fantômes du Ténare; ces visages, qui défilaient devant moi, étaient rouges d'une sueur de sang et illuminés d'un reflet sulfureux. Ces hommes ne marchaient pas, ils étaient emportés comme dans un tourbillon d'étincelles; ils roulaient comme des ondes vivantes, du seuil du prétoire à la montagne de Sion, avec des hurlements, des cris, des râles, tels que nous n'en avons jamais entendus ni dans les séditions de la Pannonie, ni dans les tempêtes du Forum.

« Par degrés, le jour s'était fait sombre, comme un crépuscule d'hiver, tel qu'on l'avait vu à la mort du grand Jules; c'était aussi vers les ides de mars. Moi, gouverneur avili d'une province infiniment rebelle, je m'étais appuyé contre une colonne de ma basilique, et, à travers ce jour livide, je suivis long-temps du regard cette Théorie du Tartare, qui entraînait au supplice l'innocent Nazaréen. Autour de moi la ville se fit déserte. Tout Jérusalem avait franchi la porte funèbre qui mène aux gémonies. Un air de désolation, une teinte de deuil m'environnaient ; mes gardes s'étaient mêlés aux cavaliers ; et le centurion, pour affecter encore une ombre de pouvoir, régularisait le désordre. J'étais resté seul ; et au brisement de mon cœur, je compris que la chose qui se passait en ce moment rentrait plutôt dans l'histoire des dieux que dans celle des hommes. J'entendais de grands bruits qui venaient de Golgotha, et qui, portés par le vent, semblaient m'annoncer une agonie qu'aucune oreille humaine n'avait encore entendue. Des nuages de plomb couvraient le pinacle du temple, et leurs larges déchirements s'abaissaient sur la ville, pour la couvrir comme d'un voile. Des signes d'épouvante se manifestaient ainsi, avec tant d'accord prodigieux, sur la terre et dans l'air, que Denis l'Aréopagite, m'a-t-on rapporté, s'écria : *Ou l'auteur de la nature souffre, ou toute la machine du monde se dissout.*

« A la première heure de la nuit, je m'enveloppai d'un manteau et je descendis dans la ville, du côté de la porte de Golgotha. Le sacrifice était consommé. L'attitude du peuple n'était plus la même. La foule rentrait à Jérusalem, toujours orageuse, mais triste, taciturne, honteuse, désespérée. Ce qu'elle avait vu lui donnait des peurs et des remords. Je vis aussi passer devant moi ma petite cohorte romaine, silencieuse comme le peuple; le vexillaire avait voilé son aigle en signe de deuil, et j'entendis, dans les derniers rangs, quelques soldats qui se murmuraient des paroles qui me semblèrent étranges, et dont je ne compris pas le sens. D'autres racontaient des prodiges à peu près semblables à ceux qui ont souvent épouvanté Rome par la volonté des dieux. Par intervalles, des groupes d'hommes et de femmes éplorés s'arrêtaient sur cette voie douloureuse, et se retournaient vers le mont du supplice comme pour y chercher quelque nouveau prodige attendu.

Je rentrai au prétoire, rapportant dans le sein toute la désolation de cette foule.

En montant l'escalier, je vis, à la lueur d'un éclair, le marbre des degrés encore couvert du sang du Nazaréen. Là, un vieillard m'attendait dans l'attitude des suppliants; derrière lui se groupaient quelques femmes, dont je n'entendais que les sanglots, car l'ombre voilait leurs figures. Le vieillard se jeta à mes pieds et pleura abondamment; c'est affreux à voir un vieillard qui pleure. « Que demandez-vous, mon père? » lui dis-je avec douceur. Il me répondit : — Je suis Joseph, natif d'Arimathia; je viens vous demander, à genoux, la faveur d'ensevelir Jésus de Nazareth. — Je fis relever le vieillard, et je lui dis : — Il sera fait selon vos vœux. » En même temps, j'appelai Manlius, qui partit avec quelques soldats pour surveiller l'inhumation, et placer des sentinelles sur le lieu de la sépulture, de peur qu'elle ne fût profanée. Quelques jours après, ce sépulcre était vide. Les disciples de Jésus publiaient partout que leur maître était ressuscité, ainsi qu'il l'avait prédit.

Il me restait un dernier devoir à remplir : j'avais à instruire César de toute cette histoire extraordinaire ; je le fis dans les plus grands détails, je ne lui cachai rien. J'écrivis cette lettre dans la nuit même qui suivit le jour fatal. L'aube me surprit le stylet à la main.

« Je quittai mes tablettes en entendant les clairons qui sonnaient l'air de Diane; et, comme je jetais un coup d'œil du côté de la porte de Césarée, je vis un grand mouvement de sentinelles et de soldats, et j'entendis, dans le lointain, d'autres clairons qui jouaient la marche de César; c'était mon renfort de troupes, deux mille hommes d'élite qui m'arrivaient, et qui, pour faire diligence, avaient fait une marche de nuit. — Oh ! il fallait donc que la grande iniquité s'accomplît! m'écriai-je en tordant mes bras sur ma tête; c'est le lendemain qu'ils arrivent pour sauver l'homme immolé la veille ! O cruelle ironie des destins ! Hélas ! comme l'avait dit le Nazaréen sur la croix: *Tout était consommé!* »

Dès ce moment, investi d'un pouvoir redoutable, je ne mis plus de bornes à ma haine contre ce peuple qui m'avait fait lâche et criminel. Je frappai de terreur Jérusalem. Bientôt, comme pour donner une plus forte excitation à mes vengeances, l'empereur me fit une lettre où il blâmait sévèrement ma conduite. Mon *procès-verbal* de la mort de Jésus, lu en plein sénat, y avait excité une émotion profonde. L'image du Nazaréen, honoré comme un Dieu, venait d'être placée dans le lieu sacré du palais impérial. Les courtisans, qui m'étaient contraires, prirent de là prétexte pour commencer cette longue série d'accusations qui, bien des années après Tibère, m'ont enfin amené dans cette ville d'exil, où ma vie doit s'achever dans les angoisses et les remords. Je t'ai tout dit, ô Albinus ; mon discours t'a fait descendre dans mon âme; et tu me rendras au moins cette justice de dire que Pilate fut plus malheureux que méchant. »

Le vieillard se tut; des larmes coulaient le long de ses joues ridées; ses yeux fixes et ternes semblaient regarder avec effroi un tableau invisible pour tout autre que lui, lugubre fantasmagorie d'un passé toujours présent. Albinus était en proie à une inquiétude sombre, et il cherchait des paroles adroites pour donner quelque consolation à son redoutable ami.

— Pontius, lui dit-il, tes malheurs ne sont pas ordinaires, mais le baume peut encore être versé sur les ulcères de ton cœur; il faut invoquer les prières, ces filles boiteuses qui désarment la colère des dieux.

Pilate fit un sourire mêlé de larmes qui épouvanta le prudent Albinus.

— La ville est mauvaise pour toi, poursuivit Albinus, la haine habite les places publiques, et Janus, qui veille au seuil des maisons, ne protège pas le foyer domestique contre les orages du dehors. Que ne vas-tu demander à nos montagnes un peu de cette quiétude qui te sera refusée ici! l'air des champs invite au repos et conseille l'oubli des soucis cuisants.

— Je crains de te comprendre, dit Pilate, l'émotion sur les lèvres et la pâleur aux joues, oui, je crains de te comprendre: tu fais, comme le serpent, un long détour pour atteindre ton but; tu veux fermer au vieillard la porte de ta maison.

— Les dieux qui m'écoutent et que j'atteste, dit Albinus, savent si j'ai jamais violé les saintes lois de l'hospitalité, mais....

— Oui, interrompit le vieillard; oui, envers les autres, mais envers moi tu vas t'excuser de les violer; je te comprends encore, n'achève pas, il faut sauver à un ami l'embarras des paroles qui répugnent aux lèvres. Albinus, le vieux stoïcien se réveille en moi, la torche de cire éblouit les yeux avant de s'éteindre ; écoute, Albinus, je vais saluer tes pénates, je vais partir.

Albinus baissa les yeux et se tut.

— Bien ! bien ! ton silence crie, comme dit Marcus Tullius. Je vais appeler mes serviteurs.

— Tes serviteurs, dit Albinus à Pilate qui se levait de son siége, tes serviteurs, te n'en as plus, ils ont fui leur maître.

— C'est bien ! dit Pilate.

— Un seul t'est resté fidèle, c'est un vieux soldat.

— Ah ! c'est Longinus ! je le reconnais. Dis à l'enfant d'appeler Longinus, permets-moi de souffler sur ta lampe, elle n'a plus d'huile ; voici l'aube.

— Oh! ne m'accuse pas, Pontius! que ton adieu n'insulte pas à mes pénates!

— Moi, t'accuser! non, je te plains. Le sang de Rome s'appauvrit dans toutes les veines, il n'y a plus de Romains; qu'on institue partout des autels à la Peur : la maison d'Albinus est bâtie sur le parvis du temple de Mars!

Pilate poussa un grand éclat de rire qui ne cessa qu'à l'arrivée de Longinus.

— Ah! que ta fidélité soit bénie, Longinus! Tu n'as pas suivi, toi, les pas des déserteurs. Albinus, savez-vous ce qu'il a fait, ce soldat? Il servait dans les *hastati;* il était sur le Golgotha, au pied du gibet, le jour que le Nazaréen mourut; il eut pitié des souffrances de l'homme agonisant; il lui perça le cœur d'un coup de lance. Longinus mourra chrétien. As-tu ceint ton épée, vieux soldat, mon dernier ami?

Le soldat fit un signe affirmatif.

— Tout est donc prêt. Pilate salue Albinus.

Une heure après, ces deux hommes étaient arrivés à mi-côte d'une montagne qui domine la cité de Vienne. Le soleil se levait, avec cet éclat tranquille des belles aurores de l'été; sa lumière resplendissait sur la coupole de bronze doré du temple de la Victoire, et sur l'attique de marbre du temple des Cent Dieux. Une nuit mystérieuse régnait encore dans les bois sacrés qui couronnent la demeure des immortels. La ville, penchée sur le Rhône, semblait écouter les harmonies du fleuve, et prolongeait le silence de la nuit. Les collines flottaient dans une limpide atmosphère d'or; une fraîcheur suave, des bruits de cascades, des chants d'oiseaux, des mélodies sans nom, montaient de la vallée à la montagne, et faisaient bénir la vie à ceux qui la portent légèrement.

Pilate tenait les yeux fixés sur un gouffre noir qui était ouvert à ses côtés. Une eau sombre se roulait au fond ; on l'entendait mugir, on ne la voyait pas, des touffes, entremêlées de chênes nains et de figuiers sauvages, avaient tissu leur réseau sur l'épouvantable abîme ; et le bloc de rocher, lancé au gouffre ; se débattait long-temps avec les plantes avant d'arriver à l'eau sourde qu'il faisait jaillir avec d'horribles échos. Pilate souriait au gouffre ; puis il contemplait l'immense et sublime paysage qui entourait si gaiement son agonie de désespoir ; il songeait à la mort du Nazaréen, à cette mort qui fut si calme au milieu de la nature bouleversée, et il pleurait amèrement.—Longinus, dit-il, remets ton épée au fourreau, je n'en ai pas besoin ; je saurai mourir sans toi ; je ne veux pas souiller tes mains de mon sang ; car tu es encore couvert d'un autre sang qui ne s'effacera jamais. Oui, Longinus, ce sage du Golgotha descendait des esprits supérieurs; conserve cette croyance. Tous ceux qui ont trempé leurs mains dans son sang ont péri d'une mort misérable; songe à Hérode et à Caïphe. Tibère même a été étouffé sur son lit de Caprée : je leur survis encore, moi. Tu vas voir comment je vais les imiter.

Et il s'élança dans l'abîme. Longinus entendit craquer les branches entrelacées et ne vit plus que les lambeaux de la toge accrochés aux plantes épineuses du gouffre. Il entendit aussi les sourds ricochets du corps, et un cri suprême agrandi par l'écho et qui se mêlait à un fracas d'eau brisée dont l'écume vint étinceler au soleil.

Ainsi mourut celui sous lequel le Christ avait souffert.

Après dix-huit siècles, cette mort, cet

homme, ce souvenir, semblent encore planer sur la vieille cité romaine. L'aspect de Vienne met le voyageur en rêverie ; tout lui dit qu'il s'est passé là quelque chose de mystérieux et d'inouï. Ses îles de maisons basses et noires sont coupées par intervalles de grandes lignes d'architecture. Ses hôtelleries sont pleines de vastes et sombres salles, empreintes d'un caractère antique, et qui semblent veuves d'un peuple colossal, mort la veille. On trouve cela dans toutes les villes que les Romains ont aimées, et qu'ils ornèrent de leurs monuments, modèles éternels de grandeur et d'exécution puissante. Quand vous passez devant cette noble Vienne, en vous abandonnant au torrent du Rhône, la ville se révèle, en masse, dans son étrange physionomie : elle semble se retirer, et s'incruster dans ses collines, pour laisser passer le fleuve. Tout à coup elle brise son prolongement de maisons indigentes, et découvre, en respirant, sa magnifique cathédrale, héritière du temple païen. La façade du saint édifice est couverte, comme sa sœur de Pise, de cette belle teinte dorée qui ressemble à un voile oriental tissu de rayons du soleil. On comprend que l'on est arrivé sur les limites du nord, et que le midi commence. Vienne appartient au premier par ses maisons, au second par son temple; et cette double nature de climat, insaisissable au premier aspect, donne le dernier coup de pinceau à la robe de la cité mystérieuse, et complète le rêve du voyageur.

UNE SOIRÉE A FRASCATI.

I

Chaque boulevard de Paris a sa spécialité de promeneurs et de passants.

On ne se promène pas sur le boulevard des Capucines; on passe. — D'un côté, marchent les solliciteurs des affaires étrangères; de l'autre, les étrangers qui vont admirer la grecque Magdeleine, sous sa coupole de brouillard.

Sur le boulevard des Italiens, on ne passe pas, on se promène; les littérateurs de loisir et les dandys affairés s'y entremêlent, en parlant haut et riant aux éclats, comme dans un salon plein d'air, planté d'arbres et sablé.

Sur le boulevard Bonne-Nouvelle, on passe et on se promène; — si vous rencontrez sous cette zône deux promeneurs, calmes dans leur marche et agités dans leur physionomie; un jeune homme et un vieillard; le premier pâle et blond, le second grisonnant et frais, s'entretenant par boutades, avec de longs intermèdes de silence; coudoyant les autres promeneurs et les étalages des boutiques; passant devant les batailles de Napoléon et les tableaux de Jonchery, sans les regarder; vous pouvez vous affirmer que ce sont deux acteurs bourgeois d'un drame domestique, joué dans un salon, sans spectateurs; deux innocents pourvoyeurs de catastrophes, qui préparent, à leur insu, un article aux gazettes des tribunaux, ou un sujet de feuilleton. C'est ce qui arrivait, pour mon bonheur, le 31 décembre 1837.

Comme je ne suis pas autorisé à citer les véritables noms des héros de cette histoire, il sera convenu que le plus jeune de ces deux promeneurs du bouvelard, le 31 décembre, se nomme, à peu près, Félicien de Saint-Nérée ; et que le plus âgé pourrait se nommer de Vaudreuil, avec deux lettres de moins. Le premier est vêtu en négligé de désolation ; il porte une redingote noire, boutonnée sous le nœud flottant de la cravate, et froissée le long des basques par des crispations de mains égarées ; ses cheveux blonds, quoique ravagés par les doigts, conservent encore quelques habitudes d'élégance ; ses bottes, quoique souillées par le pavé d'hiver, laissent encore voir quelques écailles luisantes de vernis, de sorte que la tête et les pieds, tout dévastés qu'ils sont, attestent un jeune Parisien comme il faut. Le jeune vieillard qui l'accompagne est vêtu en Mentor bourgeois d'un Télémaque de la Chaussée-d'Antin ; il serait donc inutile d'ajouter qu'il a un pantalon gris, une ample redingote marron, une cravate blanche et une émeraude colossale sur le jabot. A voir l'agitation de l'un et l'impassibilité de l'autre, on dirait que les tableaux de Joseph Vernet, le *Calme* et l'*Orage*, se sont personnifiés et se promènent sur le boulevard.

— Voulez-vous que je vous donne un bon conseil, Félicien? disait M. de Vaudreuil, à cinq heures précises du soir.

— Donnez, répondait Félicien d'un air confiant et empreint de cette crédulité, fille de l'inexpérience et d'un bon cœur.

— Que vous reste-t-il en portefeuille?

— Rien, presque rien, vingt mille francs : j'en ai perdu trente mille à la Bourse, en trois jours, d'après les conseils que vous m'avez donnés.

— C'est très bien. Il vous reste vingt mille francs; voici mon conseil : arrêtez-vous; placez avantageusement cette somme; retirez-vous à la campagne, et ne vous mariez pas.

— Il fallait me conseiller cela quand j'avais mes cinquante mille francs intacts.

— C'est très-juste : mais alors vous vouliez vous marier, et déposer cent mille francs aux pieds de votre belle veuve Emilie. Un bon coup de bourse pouvait vous donner en vingt-quatre heures la moitié de la somme qui vous manquait; mon conseil d'alors allait au-devant de vos intentions, ce me semble.

— C'est pour cela que je l'ai suivi.

— Suivez donc celui que je vous donne en ce moment.

— Et je n'épouserai pas Émilie...

— Ah! il faut y renoncer violemment, mon cher ami. La belle veuve n'a pas le sou; si elle était riche, elle ne serait plus veuve depuis l'expiration de son deuil, vous le savez. Il s'est présenté chez elle vingt partis qui se sont retirés, lorsqu'on a su qu'Émilie était aussi pauvre que belle : deux nobles qualités pourtant, mais qui ont le tort de s'associer.

— Ah! une chaumière et son cœur!

— Mon Dieu! c'est une ancienne idylle que vous répétez là! Émilie accepte votre cœur, mais refuse votre chaumière; quand vous aurez acheté une chaumière de vingt mille francs, que vous restera-t-il pour vos vieux jours?

— Monsieur de Vaudreuil, vous prenez mal votre temps pour plaisanter; je suis au désespoir.

— Soyez raisonnable, Félicien, débarrassez-vous de votre amour, et gardez votre argent. Un garçon vit de peu. Avec douze cents francs de revenu, vous pouvez être encore un riche bourgeois à Nice et à Turin. Le ministre des finances du prince de Monaco n'en a pas davantage, et il est heureux.

— D'honneur, mon cher de Vaudreuil, je ne vous comprends pas; vous me raillez dans un pareil moment!

— Il faut avoir de la philosophie, mon cher Félicien.

— Mais, savez-vous bien que je médite quelque chose d'affreux... un suicide!

— Méditez-en deux, mon cher ami! je vous ai donné déjà un conseil qui vous a été fatal, et qui vous coûte trente mille francs; si vous aviez la faiblesse de ne pas survivre à ce malheur, vous ne mourrez pas seul; je jure de mourir avec vous, nous mettrons le suicide en duo. Que voulez-vous de plus?

— Oh! que je vous serre les mains, mon cher de Vaudreuil!

— Mais songez donc à ce que je vous ai dit un jour? Moi qui vous parle gaîment; j'ai perdu toute ma fortune à la Bourse, un million! un million que j'avais gagné à vingt-deux ans dans les salines de Venise! Je prêtai trois cent mille francs à la république française. Je voulus courir après mes trois cents mille francs, et je perdis mon dernier écu, et me voilà!

— Tout bien considéré, je suis encore plus heureux que vous. Il me reste vingt mille francs... Que possédiez-vous avant de faire fortune?

— Rien du tout, selon l'usage de ceux qui gagnent un million. Pour faire fortune, il faut commencer par ne rien avoir. C'est bien aisé.

— Et pourquoi ne risquerais-je pas mes vingt mille francs?

— Au fait, je n'y vois pas d'inconvénient. Vous ne courez que la chance de les perdre. C'est autant de gagné pour vous mettre en position de faire fortune.

— Oh! si je les perds, mon parti est pris.... Voyons... La Bourse est fermée à cette heure, je crois... Mais demain, à midi...

— Y songez-vous? Demain, c'est le 1ᵉʳ janvier. Relâche à la Bourse.

— Ah! mon Dieu! il faut attendre deux jours! deux jours et deux nuits!... Et je dois faire mon cadeau de noces à Emilie demain, premier de l'an!... Il est commandé chez Susse.... Et ma lionne en bronze de Barye qui m'attend!... Quinze louis cette lionne, portant un cerf à ses petits! Quinze louis! le cadeau de noces quinze cents francs!.. *OEuvres complètes de*

Victor Hugo et de Lamartine, reliées par Simier, trente louis !... Eh ! Dieu sait comment elle recevra mes cadeaux et ma visite, demain, la belle veuve !.. de Vaudreuil, mon ami, je vous assure que j'aime cette femme d'un amour insensé. Pourtant je la redoute au-dessus de toute expression : elle a des airs si singuliers et une conversation si étrange ; elle dit des choses si bizarres avec un air si grave, qu'elle m'embarrasse comme un écolier. Je veux enfin que vous la connaissiez, et que vous observiez ce caractère, de sang-froid, comme vous l'êtes, pour me la définir et la classer. Moi, je suis trop amoureux ; elle m'échappe, et je reste confondu devant sa grâce et sa beauté merveilleuses.

— Félicien, d'après ce que vous m'en avez dit, je la crois sentimentale à l'excès.

— Que signifie cela, sentimentale ?

— Présentez-moi, et je vous la classerai du premier coup-d'œil.

— Je vous présenterai demain.

— Oh! demain! y songez-vous? 1er janvier!

— Au diable le 1er janvier! Êtes-vous bien sûr que l'année finit aujourd'hui?

— Eh! voyez l'affiche des spectacles, là, au coin de Frascati. Aujourd'hui, 31 décembre, etc.

Nos deux interlocuteurs étaient alors descendus, en causant ainsi, du boulevard Bonne-Nouvelle à l'angle de la rue Richelieu. En ce moment, une agitation extraordinaire régnait autour du palais du jeu, les cabriolets arrivaient au vol et jetaient des hommes au n. 108, avec l'élan du Tremplin. Des sergens de ville haranguaient les cochers taciturnes; la foule curieuse regardait au hasard, se demandait ce qu'elle regardait. Les vitres du café voisin encadraient des visages impassibles de philosophes qui étudiaient les misères du genre humain de la rue Richelieu. Le commissaire de police du deuxième arrondissement, décoré d'une chaîne d'or, observait tout, comme le Neptune de cette mer orageuse, et retenait le *quos ego* entre ses dents. Il pleuvait, comme toujours.

— Il se passe là quelque chose d'extraordinaire, dit Félicien.

— Vous avez deviné, dit de Vaudreuil; le Jeu se meurt, le Jeu est mort! Voilà les derniers courtisans de la Fortune qui vont assister à son agonie. La Fortune doit expirer aujourd'hui à minuit, d'un coup de râteau. Cette bonne déesse, fille d'Homère, a été frappée à mort par la chambre des députés; elle a vécu trois mille ans. Vous concevez qu'une déesse ne meurt pas sans donner une secousse au monde. Ce soir, entre neuf heures et minuit, l'or sera furieusement tourmenté sur les tapis verts du n. 108. Il y aura des naufrages et des triomphes. Je crois pourtant que la Fortune donnera aujourd'hui un tour de son métier : comme une reine qui abdique et veut laisser de son règne un souvenir doré, la Fortune ne fera probablement, ce soir, que des heureux. A coup sûr la Banque se brûlera la cervelle demain. C'est dans l'ordre ; vous verrez.

— Oui, dit Félicien, ce que vous dites me paraît assez raisonnable... assez juste... Voyons! un conseil, de Vaudreuil...

— Félicien... je vous devine ; vous craignez d'aborder franchement la question. Eh bien! je vais au-devant de vos scrupules ; vous voulez prendre votre part des faveurs de la fortune, n'est-ce pas?

— Eh ! pourquoi non?

— Au fait, mon cher Félicien, c'est une ambition honorable.

— Mais, je n'ai jamais joué...

— Tant mieux ! la Fortune donne toujours une prime d'encouragement à la virginité de ses adorateurs; c'est un axiôme du jeu. Vous avez donc, ce soir, deux chances de gain pour une. Franchement, je crois vous ménager un conseil de père; jouez.

— Je pense, de Vaudreuil, que vous me faites une plaisanterie.

— Une plaisanterie! vous verrez cela ce soir; confiez-moi votre argent, je vous brûle une progression de d'Alembert montante et descendante qui vous jette en portefeuille cent billets de mille francs avant minuit; vous trouverez alors la plaisanterie de votre goût.

— Vous avez nommé d'Alembert, je crois?...

— Oui, d'Alembert, le philosophe, qui a inventé la seule manière de gagner au jeu.

— Ce grand philosophe!

— Grand philosophe à cause de cette invention. Si vous ôtez de ses œuvres son

Traité de progression, il ne reste rien ; il ne reste que l'*Encyclopédie*, que vous n'avez jamais lue, ni vous ni personne, de 1857. Résumons-nous : voulez-vous risquer vos derniers vingt mille francs?

— Je veux bien ; puisque la Bourse ne donne jeu qu'après-demain, je suis enchanté de trouver une autre banque ouverte aujourd'hui.

— Eh ! votre Bourse est un jeu stupide ; il ne faut pas avoir une étincelle d'imagination pour lutter contre la *hausse* ou la *baisse* : vous jouez au hasard avec un banquier fantastique et pour gagner un argent idéal que vous ne voyez pas. Ici, c'est autre chose, vous avez le Pactole sous la main, on vous jette à la tête le Pérou monnoyé, vous vous promenez du bout des doigts sur des collines de napoléons ; vous creusez avec l'ongle des vallées de doubles louis, vous avez les jouissances de Brédeddin-Ali et de Noureddin-Assan qui prenaient des bains de pièces d'or à Bagdad ; vous êtes sultan, vous êtes alchimiste, vous êtes dieu.

— De Vaudreuil, dit Félicien exalté, ce soir, à neuf heures, nous nous rencontrerons dans le passage de l'Opéra. Soyez exact au rendez-vous.

— Je dîne en ville, et je m'éclipse au dessert. A neuf heures ! Félicien, bon courage, et sans adieu.

Frascati s'était illuminé comme pour ses bals ; il voulait mourir joyeusement aux clartés de toutes ses girandoles de fête. Comme le sage Sardanapale, il avait entassé sur son bûcher funèbre ses femmes, ses joyaux, ses écrins, afin de périr avec ses richesses, et de s'ensevelir dans des cendres d'or. On était accouru à cette grande agonie de tous les coins de l'univers. Jamais plus étonnant congrès de peuples. La mappe-monde était représentée, là, par tout ce qui porte une passion à la pointe de ses nerfs. Les idiômes de l'univers se croisaient sous les lambris du salon et entonnaient le *Dies iræ* polyglotte du *trente-un* dans cette Josaphat du jeu. C'était un éblouissant chaos de femmes échevelées, de visages écarlates, de robes de soie; de décorations de tous les ordres, d'habits de toutes couleurs, de cascades d'or et d'argent, un nuage formé des vapeurs de toutes les passions, et qui, se déchirant par intervalles, faisait éclater un fracas inouï de grincements de dents, d'éclats de rire, de soupirs d'enfer, de cris de désespoir, d'extases de paradis. Au milieu des joueurs vulgaires, animés du plat amour du gain, on distinguait, à l'irradiation de leurs regards, des hommes qui ont emprunté une ride à toutes les années d'une vie orageuse, et qui, ayant tout vu, tout appris, tout éprouvé, tout connu, et n'ayant plus foi ni au bonheur, ni au plaisir, et face à face avec l'ennui, cette mort continuelle de la vie, étaient venus là pour accepter un duel avec le destin, pour se battre avec l'inconnu, pour lutter corps à corps avec la fatalité, cet invisible fantôme qui s'incarnait pour la dernière fois et devait s'engloutir, minuit sonnant, au bruit des chaînes d'or qu'il traînait sous son linceul.

Il est onze heures. Le jeu a peint un masque sur tous les visages, de sorte que l'ami ne reconnaîtrait que difficilement son ami. Les chevelures fluides s'incrustent aux tempes, la sueur du col a tordu les cravates de soie ; les mains convulsives ont mis à nu les poitrines ; tout le monde s'est déguisé à son insu, à cette saturnale du jeu. Dans leur furie de locomotion, les groupes passent et repassent devant les hauts miroirs du salon, et chaque joueur, s'inclinant devant la glace, méconnait sa propre figure, et croit saluer un ami oublié, qu'il a connu autrefois. Au centre de ce peuple en délire, nos deux héros se sont vingt fois séparés et réunis. De Vaudreuil se fait remarquer par des cris intermittents et techniques de désespoir, et Félicien, perçant la foule, l'interroge avec des yeux qui tombent de la tête sur le tapis vert.

— Avez-vous vu le coup, Félicien? s'écriait de Vaudreuil, tordant ses gants pour économiser ses mains.

Un *non*, étouffé dans l'embrâsement du gosier, était la seule réponse de Félicien.

— Mon ami, un coup affreux, inouï! un coup impossible à retrouver dans les cinquante mille *tailles* qu'on vend chez Chaumerot, au Palais-Royal! Voyez cette carte, Félicien! Vingt-trois intermittences! J'ai *sauté* quinze *masses!* une *taille hachée* m'a fait sauter la progression de d'Alembert! Celle-ci a tué tous mes *parolis!* Il nous reste deux mille francs!

— Deux mille francs! dit Félicien avec une voix d'Echo poitrinaire.

— Oui, mon ami, deux mille francs, et quelques bribes de jetons qu'il faut risquer à la roulette pour attraper un *plein* ou un *cheval*. Tenez, mon cher, prenez ces deux mille francs et laissez-les couler dans vos bottes; vous ne pouvez pas rester sans le sou.

— Eh! mon Dieu! dit Félicien avec une voix d'ombre qui demande crédit de l'obole à Caron; eh! mon Dieu! que voulez-vous que je fasse de ces deux mille francs? pourquoi les garder? ne puis-je pas me refaire avec cette somme?

— Sans doute. Avec un louis on peut gagner un million. C'est le seul avantage que nous ayons contre la banque. Mais si vous les perdez?

— Si je les perds, vous m'accompagnerez au pont des Arts.

— Et je vous suivrai, dit de Vaudreuil

d'un air digne, avec un serrement de main solennel.

— Très bien! de Vaudreuil.

— Comment voulez-vous jouer ces deux mille francs, Felicien?

— Eh! comme vous voudrez, à votre idée, tout est bon ; jetez les deux billets et laissez jusqu'au coup de douze mille francs.

— Et puis même *masse*, jusqu'a la somme ronde de cent mille, n'est-ce pas?

— Allez.

En ce moment, un jeune homme inondé de sueur et de joie, le visage illuminé de l'auréole de la victoire, et laissant lire dans ses regards tout un avenir de jouissances échangées contre de l'or, fendait la foule, la main droite levée, agitant des grappes de billets de banque, et faisant heurter ses poches mélodieuses, pleines de louis échappés des rouleaux. Les femmes lui disaient de ces paroles charmantes qui provoquent les largesses; les professeurs lui demandaient la marche qu'il avait suivie; les mathématiciens le consultaient un crayon à la main. On entendait ces phrases rapides : — J'ai gagné soixante-quinze mille francs. — Avec quelle mise première? — Avec cinq louis. — Quelle *marche?* — J'ai joué au hasard.

Et les mathématiciens, raffermissant leurs lunettes et serrant leurs cartes dans le portefeuille, répétaient : — Il a joué au hasard !

— Soixante-quinze mille francs avec cinq louis! dit Félicien à de Vaudreuil.

— Oui, dit de Vaudreuil. Rien de moins étonnant avec une *série de veines*. La *taille* recommence, à notre tour, maintenant.

Et il jeta les deux billets sur le tapis. Felicien s'étreignit avec ses bras, et une salive âcre baigna ses lèvres.

— Nous sommes à *rouge*, dit de Vaudreuil.... *Neuf!*.. c'est gagné... *Quarante!*...

Et tous les joueurs de *rouge* exécutèrent en chœur une apostrophe au ciel, et un piétinement général.

— Est-ce perdu? demanda le candide Félicien.

— Perdu! dit de Vaudreuil, laissant tomber sa tête, ses bras, ses mains, et poussant un soupir. Et perdu, ajoute-t-il, contre toutes les règles! Toutes les chances pour nous! j'allongeais la main pour prendre quatre mille francs... Quarante!.. un scélérat de valet de cœur qui est tombé sur le dos, quarante!

— Ah! vous avez joué bien malheureusement, monsieur, dit une jeune femme à de Vaudreuil; et elle se retourna en fredonnant un air de vaudeville.

— Connaissez-vous cette femme? demanda Félicien.

— Moi? je ne la connais pas. Il y a ce soir ici cent femmes de toute condition et de toute vertu qui viennent faire ce que nous faisons.

— Se ruiner! dit Félicien en mordant sa lèvre : se ruiner!

Il croisa les bras, baissa la tête, et s'appuya contre un angle de la cheminée, dans l'attitude d'un homme qui ne compte plus sur ses pieds pour le soutenir. De Vaudreuil prit la même position à l'autre angle, et tous deux dans une immobilité symétrique, ressemblaient à des cariatides supportant le fardeau du Désespoir.

Personne ne les remarquait.

Félicien abdiqua le premier son rôle de statue et poussa un long soupir dans la direction de de Vaudreuil. Celui-ci glissa sur le dos le long de la cheminée et riposta par une espèce de sanglot étouffé violemment.

— Eh bien! dit de Vaudreuil après le sanglot.

— Il ne vous reste donc plus rien? demanda le jeune homme avec un accent qui ne témoignait pas une grande confiance à sa demande.

— Absolument rien, mon pauvre ami. S'il me restait deux francs, je les mettrais à la *roulette* sur le 31 : c'est un bon numéro, à onze heures et demie.

— Il est onze heures et demie ! dit Félicien consterné.

— Voyez à la pendule : dans trente-et-une minutes nous sommes à demain.

— Oh ! quel horrible premier de l'an !... De Vaudreuil, je suis au comble du désespoir.

— Et moi, donc ! moi qui vous ai perdu ! moi qui...

— Pauvre de Vaudreuil !... Eh ! je ne vous en veux pas... non... c'est la fatalité !.. Il me reste cinq cents francs pour toute fortune !

— Il vous reste cinq cents francs, Félicien !

— Oui ; chez moi... que faire de cette bribe ?

— Au fait, rien... Ce monsieur avec dix louis...

— Croyez-vous que j'aie le temps d'aller rue de Grammont ?

— En deux bonds nous y sommes.

— O mon Dieu ! si vous me donniez dix minutes de bonheur !

— Ce serait bien juste, ma foi !

— Allons chez moi.

Et ils s'élancèrent de la cheminée à l'escalier, aussi lestement que le leur permit la foule qui encombrait les salons.

O désespoir ! la cour de Frascati était inondée de sergens de ville et de gardes municipaux. La porte cochère, fermée aux arrivants, ne s'ouvrait que par intervalles, aux voitures qui emportaient à leur maison les joueurs des deux sexes, et leur interdisait toute faculté de retour. En ce moment, Frascati soutenait un véritable siége. Dans la rue Richelieu, cinq cents baïonnettes plus intelligentes que jamais, se croisaient contre une population improvisée de joueurs. L'émeute aléatoire avait son tour. On exécutait des charges de cavalerie contre les *martingales*, les mathématiciens, et d'Alembert. Au plus fort des groupes, on distinguait quelques députés qui avaient voté la loi, et qui réclamaient leur part dans les faveurs de la fortune agonisante. Les plus acharnés de tous étaient les Russes qui arrivaient de Saint-Pétersbourg en chaise de poste, et les Américains de New-York, que le paquebot du Hâvre avait jetés trop tard, à Rouen, sur la route de Paris. Ces deux classes d'étrangers retardataires invoquaient le droit des gens.

— On peut sortir, mais on ne rentre pas! s'écria de Vaudreuil; c'est l'inverse de l'Enfer.

— Vous croyez? dit Félicien d'une voix éteinte.

— Eh! n'entendez-vous pas ces cris d'émeute du dehors?

— Oui... Dieu, quels cris!... Oh! s'il pouvait y avoir une révolution!

— Félicien, donnez-moi la clé de votre secrétaire.... Vite.... j'ai une idée.... Je vais envoyer un sergent de ville, rue de Grammont.

— Bien imaginé, de Vaudreuil! Voici ma clé.

— Attendez-moi sur la première marche de l'escalier; il faut que nous nous retrouvions aisément. La foule nous bat de tous côtés comme des *rois* dans un jeu de cartes.

De Vaudreuil marcha vers la porte, où des sergens de ville réglaient la sortie de deux voitures et d'un cabriolet. Félicien remonta vers l'escalier.

Quelques minutes après, de Vaudreuil

frappa sur l'épaule de Félicien, et lui dit: J'ai cinq cents francs; les voilà!

— Comment! déjà! d'où viennent-ils? dit Félicien, avec des yeux effarés.

— Pas un instant à perdre, un seul instant; il vous reste un quart-d'heure. La Fortune en personne est descendue du ciel pour venir à notre secours.

— Mais!...

Et de Vaudreuil enleva Félicien par le bras, et le poussa dans les salons, en lui montrant le cadran fatal.

La double aiguille de la pendule formait à peu près un angle droit, une pointe sur 9, l'autre sur 12.

— Oh! cette fois, c'est moi qui joue! dit Félicien, et il prit vivement le billet des mains de de Vaudreuil.

— Mais, mon ami, vous allez jouer au hasard, dit de Vaudreuil avec une sorte d'effroi mathématique.

— Oui, au hasard. Vous m'avez fait de

belles affaires en jouant, à coup sûr, avec d'Alembert !

Et il jeta le billet sur le tapis vert, en disant aux banquiers : « Je laisse jusqu'à minuit. »

La dernière *taille* était commencée. Le jeu allait lentement à cause de la profusion des *masses*. Nos deux héros suivaient, par dessus les épaules des joueurs, les progrès de leur billet qui, dans une *série* victorieuse, était arrivé à douze mille francs, *maximum* du jeu. Enfin, de douze en douze, au coup de minuit moins une minute, Félicien se trouvait à la tête de quatre-vingt billets de mille francs. Alors, un silence solennel se fit dans le salon du *trente-un*. Le banquier prit un air grave et laissa tomber ces paroles funèbres : « *Messieurs, le dernier coup !* » — Vingt mille francs pour le dernier coup ? dit Félicien au banquier. — Tenu, répondit le banquier avec une dignité calme. Et les douze coups de l'heure suprême servirent d'accompagnement triomphal aux vingt mille francs supplémentaires de la fortune de Félicien.

— J'ai cent mille francs ! s'écria le jeune homme ivre de joie. Eh bien ? mon cher de Vaudreuil, vous paraissez fâché de mon bonheur ?

— Moi, dit de Vaudreuil avec une sorte d'embarras mystérieux, moi, point du tout... Je suis ravi... je suis consterné de joie. C'est le mot.

— Maintenant, notre premier devoir c'est de rendre le billet de cinq cents francs à ce mystérieux prêteur que je ne connais pas. Courons chez lui.

— A cette heure, Félicien, y pensez-vous !

—Donnez-moi son adresse, et j'y vais seul.

—Impossible ! impossible !

— Et pourquoi ?

— Je vous le dirai demain. Que diable! si vous eussiez perdu, vous n'auriez pas rendu le billet maintenant. Attendons demain, et je vous parlerai.

— A la bonne heure! Inutile de vous dire, mon cher de Vaudreuil, que la moitié de cent mille francs vous appartient.

— Oh! ceci est une autre affaire...

— Vous refusez?

— Proposez-moi de vivre avec vous, dans votre maison, en famille, quand vous serez marié.

— De tout mon cœur.

— Accepté. Adieu; je vais regagner mon faubourg. Vous avez besoin de repos, comme moi. Adieu; à demain, Félicien.

— A demain, mon ami.

Félicien, resté seul, prit un assez long détour pour se rendre rue de Grammont. Il courut à la rue Saint-Lazare, tout exprès pour saluer les croisées de la maison garnie où logeait sa belle veuve. Ce devoir rempli, il rentra chez lui et recompta ses cent mille francs.

II

Félicien dormit de ce sommeil agité qui suit les grandes émotions. A chaque instant il se réveillait en sursaut, joyeux ou désespéré, selon la nature du rêve : il voyait danser devant lui des quadrilles de *rois de trèfles* et de *dames de cœur* ; il se précipitait du haut du pont des Arts sur un lit de billets de banque : il épousait

Emilie devant un autel garni d'un tapis vert ; il allait chez Susse acheter les cadeaux du jour de l'an; il ne trouvait pas un sou dans sa bourse pour les payer, et tous les bustes de Dantan éclataient de rire devant son humiliation : il se voyait aussi dans une chaumière, avec Emilie, buvant, dans des coupes de Bohême, le vin du Rhin, versé par un valet de carreau. Le génie des rêves fiévreux épuisait ainsi ses arabesques dans le cerveau de Félicien.

A neuf heures, il était déjà sur le boulevard, accusant de lenteur toutes les pendules, et les accusant de conspirer contre l'année 1838, par habitude de dévoûment à feu 1837. Il bondit de joie devant l'horloge de la galerie de l'Opéra, dont le cadran immuable a marqué dix heures trois années consécutives, ce qui a causé tant de malheurs, entre autres, le suicide d'un notaire de Rouen, lequel manqua un rendez-vous d'affaires fixé à onze heures, et fut déclaré en faillite par la faute d'un horloger! Que de crimes les horlogers ont commis à Paris!

Cette fois, ils troublèrent la jeune et belle veuve dans son doux sommeil du matin. Une vieille pauvre femme, qui jouait le rôle de camériste, jeta les hauts cris devant la précoce arrivée de Félicien, et voulut lui fermer la porte violemment. Notre héros prit une poignée de napoléons, et dit à la vieille : Tiens, voilà pour toi. Un frémissement d'indignation gonfla toutes les rides de la bonne femme; d'une main sèche et vigoureuse, elle repoussa la main du corrupteur, et les napoléons lancés aux lambris retombèrent en pluie d'or sur le parquet. L'octogénaire Danaë foula aux pieds ce vil métal et garda sa vertu.

Félicien resta pétrifié de stupéfaction, et il ne reprit ses facultés locomotives qu'au grincement d'une porte qui s'ouvrit avec précaution. Emilie, dans le plus adorable des négligés, sortait de sa chambre en poussant un *ah!* de surprise, feint ou naturel, qui fit incliner le torse de Félicien, dans un angle de quarante-cinq degrés.

— Comment! c'est vous, monsieur! dit la jeune femme; mais personne, je crois, n'est réveillé dans Paris?

— Excepté ceux qui n'ont pas dormi, madame, répondit Félicien.

— Soyez toujours le bien-venu. Me permettez-vous de vous recevoir dans ce négligé du matin?

Félicien ne répondit que par un baiser mystérieux sur la main de la jeune femme. Celle-ci poursuivit ainsi :

— Il paraît, monsieur de Saint-Nérée, que vous avez tenté de séduire ma femme de chambre..... Ramassez donc vos étrennes, la bonne femme n'y touchera pas. Elle est pauvre, honnête, et heureuse de sa pauvreté. Vous, messieurs, vous croyez qu'avec de l'or on vient à bout de tout dans ce monde. Erreur! si vous saviez avec quel mépris nous regardons ces pièces de quarante francs..... Ramassez donc cela, je vous prie... Si quelqu'un entrait, on me prendrait pour la femme du tableau de Tierburg... Je lisais cette nuit, dans un poète anglais, Southey, quatre vers dont voici le sens, *La pauvreté qui n'a besoin de rien est plus riche que l'opulence qui a besoin de tout....* Comment trouvez-vous cette pensée?

— Mais, madame, cette pensée me paraît assez juste pour la pauvreté qui n'a besoin de rien; mais elle est rare celle-là...

— Rare! eh! mon Dieu! voilà ma femme de chambre d'abord; puis moi. Déjà deux personnes dans une seule maison. Au fait que faut-il pour vivre? Rien, ou presque rien. Avec les six cents francs de pension que m'a laissé mon mari, je suis plus heureuse qu'une reine constitutionnelle. Mes goûts sont simples ; ma vie est retirée ; je fuis le théâtre, parce que c'est un lieu de dépravation. Je lis M. de Sénancourt, M. de Ballanche et M. Fitcher. Le soir je m'interroge sur l'emploi de ma journée, et je dépose mes réflexions dans un album. Certainement ma vie n'est pas très amusée, comme vous voyez, mais je jouis de la paix du cœur : c'est beaucoup.

— La voilà relancée dans ses bizarreries, se dit mentalement Félicien ; mais qu'elle est jolie ainsi avec ses cheveux de jais brouillés sous la dentelle, et cette fraîcheur rose et savoureuse que le sommeil donne au visage, lorsque la fièvre d'une passion ne brûle pas le cerveau !

Emilie se renversa négligemment sur son fauteuil, croisa les bras sur son sein allongea ses jolis petits pieds sur un tabouret délabré, et dit avec un ton de nonchalance délicieuse :

— Eh bien ! monsieur de Saint-Nérée, à quand le mariage?

Une foule de syllabe sourdes et de diphtongues brumeuses roulèrent dans la bouche de Félicien, et de ce cahos naquit cette réponse :

— Madame, je venais ce matin demander le jour de votre choix.

— Donnez-moi votre main, dit la jeune femme avec un sourire perlé ; je veux me marier dans six jours, le 6 janvier, le jour des Rois. Il y a une belle étoile attachée à cette fête, n'est-ce pas ?

— Le 6 ! s'écria Félicien exalté ; bonté du ciel ! serait-il possible ?

— Et pourquoi pas? Y aurait-il obstacle de votre part? ne m'avez-vous pas dit que vos affaires seraient terminées avec l'an 1837 ?

— Oui, madame, c'est vrai, je vous avais dit cela... je suis prêt.

— Vous savez que je ne suis pas exigeante. Je ne vous demande ni châles indiens, ni bijoux, ni corbeille de noces ; je me contente de cent mille francs que vous me donnerez pour ma dot, et que je placerai à six pour cent, sur première hypothèque, chez un banquier de mon pays. Avec six mille francs de rente, nous vivrons à Abbeville comme des rois absolus.... Vous n'êtes pas prodigue, je pense, vous n'avez pas quelque défaut secret; vous n'êtes pas joueur?... Êtes-vous joueur?

—Moi!... moi, madame!... joueur!... oh!

—Monsieur de Saint-Nérée, votre émotion....

—Madame!... mon émotion est naturelle.... votre soupçon me fait monter la rougeur au visage.

—C'est que j'ai juré que jamais ma main ne toucherait la main d'un joueur... Monsieur de Saint-Nérée, sachez que mon premier mari m'a sacrifiée sur une table de jeu!... non pas lui, le pauvre homme!! mais son ami!... un infâme!... laissez-moi répandre quelques larmes... Mon mari avait toute confiance en cet homme.... et cet homme prit notre fortune, pièce à pièce, et l'engloutit sous la *dame de cœur!...* Félicien, vous savez si vous m'êtes cher, depuis le jour où vous m'avez sauvé la vie ; eh bien ! je renoncerais tout de suite à votre amour, si je savais que votre cœur et votre esprit ont été souillés de cette horrible passion.

Cette sortie avait ôté à Félicien l'usage de la voix, et ce malheur lui fut assez heureux, car il n'aurait su que répondre, placé entre deux écueils, le mensonge et la confession. Il eut recours à une pantomime équivoque; il regarda le plafond d'un air béat, et mit sa main droite sur son cœur. Emilie parut se contenter de ces expressions muettes, et adoucissant son organe, elle dit :

— Nous ferons la noce aux Vendanges de Bourgogne, loin des importuns; sans faste et sans bruit. Quelles sont vos invitations?

— Mais... quelques personnes.... : un oncle...., deux tantes..., un petit cousin..., un ou deux amis...

— Ayez la bonté de me donner les noms de ces personnes et leur adresse... Je me charge de ces petits détails.... je vous laisse la mairie, l'église, le notaire... tout ce qu'il y a de plus ennuyeux... J'écrirai aujourd'hui même à Abbeville. Ma mère et mon frère arriveront le 5, dans la rotonde de la diligence... ils partiront la veille au soir, pour économiser un dîner... Pauvres gens!

Emilie déploya un large foulard usé par une cataracte de larmes, et plongea son visage dans les cent plis de ce consolateur des afflictions. Le cœur du jeune homme fut serré.

— Madame, dit-il avec une voix composée de tous les éléments de l'émotion, croyez bien que je n'abandonnerai jamais vos parens; votre mère sera ma mère; votre frère sera mon frère; et avec de l'économie, nous pourrons tous vivre ensemble aisément.

— Ah! c'est que l'économie est une triste chose, dit Emilie avec un soupir. A choisir un défaut domestique, j'aimerais mieux la prodigalité. Il est si cruel de liarder!

— Oui; mais la nécessité...

— Oh! dès qu'il y a force majeure, on ne balance plus. Félicien, nous ménagerons nos petits revenus, et tout marchera bien, je crois.., Mon Dieu! je rougis vraiment de traiter ces questions bourgeoises. Hélas! que faire? Notre âme est haute et notre fortune basse. Pardonnez-moi tous ces prosaïques détails... il me serait si doux d'habiter un palais avec vous, de semer l'or à pleines mains, de me couvrir de diamants pour vous plaire, d'épuiser tous les bazars de Dublin, de Lyon, de Bagdad et de madame Delille, rue de Grammont! Quel charme pour moi, si je pouvais dire à mon époux, je vous remercie de m'avoir donné la richesse d'une reine et d'avoir mis une mine d'or à mes pied! Maintenant, je veux vous récompenser à mon tour. Venez, ô mon époux; laissons Abbeville et ses ennuis; allons acheter le palais Durazzo, ou la villa Barbaïa du Pausilippe. Nouvelle Cléopâtre, je vous promènerai sur le golfe, dans un lit de roses, au milieu d'un nuage de parfums, avec un cortège de jeunes Italiennes, chantant le chœur du second acte de *Semiramide*. Venez, je vous sourirai, comme Amphytrite, dans quelque grotte d'azur, quand vous irez cueillir les pommes d'or à Sorrente; et à notre retour, après le coucher du soleil, nous aurons un festin babylonien, servi sous la colonnade, avec cent convives, drapés de soie, selon l'école de Venise, avec cinquante esclaves maures, de l'ébène le plus joli, et deux bandes de musiciens, l'une sur les gondoles, l'autre sous les orangers, dans la nymphée du jardin!

Le candide Félicien était dans une exaltation haletante, et ses yeux s'arrondissaient démesurément. La jeune femme fit une pause, laissa tomber sa tête avec nonchalance, comme après la chute d'une illusion; puis exhalant deux ou trois soupirs, elle ajouta avec un grand sérieux mélancolique : — Oui, monsieur, oui, je sens que j'étais née pour être riche, et j'ose vous affirmer qu'une immense fortune me trouverait toujours disposée à la recevoir, le ciel m'est témoin si je dis vrai. Pourtant, j'aurai le courage de ma position. Nous jouirons de cinq cents francs de revenu par mois, à peu près dix-sept francs par jour. Mettons cent francs par mois pour le loyer ; il nous reste net quatre cents francs. A peine si je dépenserai cinquante louis par an pour ma toilette, et la moitié pour ma femme de chambre. Nous consacrerons le superflu à une nourriture saine et peu abondante. La Providence nous aidera.

— Oui, la Providence nous aidera, dit Félicien, comme un écho stupide tombé du sommet d'une roche dans un vallon. Notre jeune homme en était à son premier amour ; le langage ordinaire d'Emilie lui paraissait toujours étrange et dépourvu de logique et de naturel ; mais dès qu'il ouvrait la bouche pour demander à la belle veuve quelques explications, celle-ci changeait brusquement de ton et se faisait à volonté si séduisante, avec un sourire et un regard de vertu éteinte ; que l'interrogation commencée expirait dès la première syllabe sur les lèvres du naïf amant. De sorte que

Félicien quittait toujours l'hôtel garni avec le regret de n'avoir pas approfondi ce caractère mystérieux.

— Maintenant, dit Emilie, vous aurez la bonté de ne me faire que de courtes et rares visites jusqu'au 6 janvier. On jase beaucoup de nous dans la rue Saint-Lazare, rue très susceptible, comme vous savez. Ce matin, j'attends quelques visiteurs, et vous me permettrez de vous quitter pour prendre un costume plus décent. A propos, vous ne me l'avez pas souhaitée bonne et heureuse. M. de Saint-Nérée vous commencez l'année par une distraction.

Et elle se pencha gracieusement, vers Félicien qui l'embrassa du bout des lèvres, comme s'il eût craint de se brûler. On se sépara.

Un perpétuel rendez-vous à onze heures, dans les galeries de l'Opéra, était convenu entre de Vaudreuil et Félicien. De Vaudreuil avait inventé cette maxime :

L'exactitude au rendez-vous est la première vertu de l'homme. Aussi, le marchand de gravures de la galerie avait nommé de Vaudreuil, M. Onze-Heures. Au coup de l'horloge du chapelier, ce jeune vieillard tombait du ciel devant la gravure du *Festin de Balthasar*, qu'il buvait en guise d'absinthe, avant le déjeûner.

Félicien accusa sa montre de mensonge, en voyant cette fois le *Festin de Balthasar* isolé dans sa vitre, et privé de la contemplation habituelle de M. de Vaudreuil : « Que se passe-t-il donc dans la nature ! se dit-il à lui-même, d'une voix transposée du majeur à la sourdine. » Et il se mit à errer comme une ombre du Styx, demandant de Vaudreuil du regard à tous les cabriolets qui versaient un consommateur au café Douix, à tous les vitrages qui s'ouvraient aux boutiques, à toutes les issues ténébreuses qui annonçaient un passant, invisible encore, par un bruit de pas rapidés comme on en fait quand on court tardivement à un rendez-vous. Hélas! jamais de Vaudreuil n'arrivait! Bien des heures devaient s'écouler avant que nos deux héros fussent réunis.

Le second rendez-vous de la journée était fixé à six heures. Félicien, las de regarder les cristaux, les estampes, les foulards, les bronzes, les meubles, les comestibles, les fleurs, les jouets d'enfants, les bijoux plaqués, les chapeaux, les bonnets de tulle, et tout l'ameublement des deux galeries, s'enfonça dans le cabinet de lecture, prit le *Moniteur* avec trois suppléments, et pria la dame des journaux de le réveiller à six heures précises du soir.

Oh! cette fois, de Vaudreuil fut exact comme une aiguille de Breguet. Mais qu'il était changé! Combien différent de ce de Vaudreuil si bien brossé toujours, comme un domestique de Londres. La pluie avait mis en dissolution son chapeau et ses bottes; il n'avait qu'un gant, et levait la main qui était nue vers le ciel.

— Ah! s'écria-t-il avec une voix de drame; ah! mon cher Félicien, que vous êtes étourdi! mon Dieu! que vous êtes étourdi!

La bouche de Félicien était ouverte, mais sa langue paralysée n'avait point de mots à sa disposition.

— Comment! je parie que vous n'avez pas songé à votre dette de cette nuit! ajouta de Vaudreuil.

— J'ai fait une dette, cette nuit? dit Félicien ébahi, avec une voix de somnanbule.

— Ah! par exemple! ceci est trop fort! N'avons-nous pas emprunté un billet de cinq cents francs, qui vous en a rapporté cent mille?

— Oh! le billet! Oui, oui, c'est juste. Certes, je ne l'ai pas oublié.

— L'avez-vous remboursé, Félicien?

— Moi, comment puis-je le rembourser ? je ne connais pas la personne qui me l'a prêté.

— Ah! Et moi donc la connais-je? Mais s'il eût fallu fouiller Paris et ses faubourgs, à pied, de numéro en numéro, d'étage en étage, je l'aurais fait, la besogne eut-elle duré dix ans. C'est que, mon trop jeune ami, vous ne savez pas ce qu'est une dette de jeu, surtout quand on a gagné! Ce qu'il y a de plus sacré au monde! de plus sacré!

Félicien, courbé par la terrible parole de M. de Vaudreuil, ressemblait à un arbrisseau touché par la foudre; il attendait le dénouement de cette crise, l'œil fixé sur les bottes aqueuses de son humide Mentor.

— Or, monsieur Félicien, poursuivit de Vaudreuil, voici ce que j'ai fait pour réparer votre coupable insouciance. A huit heures, ce matin, votre concierge m'a dit que vous étiez sorti. « Comment sorti ! » me suis-je écrié. Le concierge a poussé un soupir, et m'a tourné le dos. Hier soir, dans le fracas des voitures, des portes cochères, des sergents de ville, des gardes municipaux, j'ai perdu la moitié de l'adresse que me donnait la dame inconnue, votre créancière de cinq cents francs. Le mot *Augustin* était seul arrivé à mes oreilles, avec la finale 1. A l'œuvre ! me suis-je dit. Et j'ai couru à la rue Neuve Saint-Augustin ; j'ai fait subir des interrogatoires aux portiers des numéros 21, 51, 41, 51 et 61. Point de succès. Dans aucune de ces maisons, point de dame rentrée en voiture à minuit. Figurez-vous, Félicien, que j'ai tenté les mêmes expériences rue des Grands-Augustins, des Vieux-Augustins, des Petits-Augustins, des Augustins tout court, et quais des Grands-Augustins et des Vieux-Augustins.

— Ah ! mon Dieu ! dit Félicien ému aux

larmes, vous me fendez le cœur. Quoi! vous avez fait toutes ces courses à pied?

— Eh! comment les aurais-je faites? Je n'avais pas une pièce de cent sous pour payer un cabriolet, grâce encore à votre imprévoyance....

— Mon cher de Vaudreuil, au nom du ciel ne m'accablez pas, vous m'arrachez l'âme,

— Voyez mes bottes, Félicien! dans quel état me les a mises aujourd'hui saint Augustin! je rirais volontiers si je n'avais le visage gelé. Enfin, pour terminer mon histoire, j'ai découvert le domicile de l'inconnue...

— Ah! quel bonheur!

— Ce soir, à cinq heures, comme je regagnais mon boulevard, le désespoir dans l'âme, après avoir épuisé tous les Augustins possibles, je me suis aperçu que je n'avais pas abordé le n. 1 de la rue Neuve-Saint-Augustin. J'avais interrogé toutes les unités finales, excepté le n. 4. Le portier m'a parfaitement accueilli, quoique je n'eusse ni parapluie, ni cabriolet : il savait toute l'histoire de sa locataire. Elle est rentrée cette nuit, m'a-t-il dit, à une heure ; elle a gagné cinq cents francs qu'elle a prêtés à un riche et beau jeune homme. Elle est enchantée de sa nuit ; elle n'a dit que deux mots au portier en rentrant, parce qu'elle avait hâte de dormir et de faire un rêve de cinq cents francs.

— Que dites-vous ? s'écria Félicien consterné ; est-ce que j'aurais été reconnu !

— Non, non, calmez-vous. Au reste, il paraît, d'après mes renseignements, que votre prêteuse est de bonne naissance. C'est la veuve d'un colonel tué à Anvers ; elle se nomme madame de Saint-Dunstan, et le malheur du temps l'a forcée de prendre une position dans les figurantes de l'Opéra, sous le nom de mademoiselle Anastasie....

A ces mots, Félicien chancela sur ses pieds. Une pâleur mortelle couvrit son front.

— Une figurante de l'Opéra! dit-il d'une voix sourdement accentuée par le désespoir. Une figurante! oh!... il me faudra payer la dette de la reconnaissance à une pareille femme!

— Mon Dieu! Félicien, vous vous alarmez toujours à propos de rien. Vous n'avez d'autre dette à payer que les cinq cents francs. Voici ce que vous allez faire : allez chez madame de Saint-Dunstan....

— Jamais, jamais, jamais. Savez-vous bien que je me marie dans cinq jours? A la veille de mes noces, j'irais rendre une visite à une figurante de l'Opéra? Jamais! jamais!

— Soyez raisonnable, Félicien, mon ami... Il faut bien pourtant...

— Il faut la payer; je le sais, parbleu! la chose est aisée. C'est encore un service que j'attends de vous... voici le billet. Prenez un cabriolet, allez chez cette dame, et comblez-la de remerciements. Je vous attends à dîner, là, dans ce café.

— Vraiment, Félicien, il faut avec vous pousser la complaisance à l'extrême...

— Mon cher de Vaudreuil, dit Félicien affectueusement, croyez que je n'oublierai jamais les services que vous m'avez rendus. A dater de ce jour, votre maison sera la mienne; je serai votre frère, ma femme sera votre sœur. Nous vivrons en famille, loin de ce Paris turbulent; ce jour est le dernier de votre vie orageuse. Vous méritez de jouir d'un doux repos domestique : c'est moi qui vous le donnerai, après Dieu.

— Félicien, dit de Vaudreuil, avec une émotion inaccoutumée qui surprit le bon jeune homme, mon cher Félicien, vous méritez, à votre tour, d'être heureux, et je crois que vous le serez.

Après quelques énergiques serrements de mains, il se séparèrent. De Vaudreuil s'élança dans un cabriolet, et Félicien, assis déjà devant un guéridon du café, demanda la carte et deux couverts.

Il y eut une heure d'entr'acte qui désespéra la patience de Félicien. Il tenait à deux mains la carte du restaurant par contenance, et avait l'air de méditer sur elle comme sur un livre de philosophie. Son voisin de droite fut tellement attendri de la figure sombre et larmoyante du lecteur, qu'il eut la curiosité de voir quel livre émouvant il dévorait ainsi en attendant le potage : en ce moment, Félicien secoua la tête avec mélancolie sur le paragraphe des *entremets de légumes*, et pressait fortement le manche de son couteau.

Le garçon, ennuyé d'attendre inutilement la fin de cette longue méditation, dit à Félicien :

—Monsieur a-t-il besoin de quelque chose?

— Servez-moi ce que vous voudrez, répondit Félicien. Et il ferma brusquement la carte in-12, reliée en veau.

Tout à coup entre M. de Vaudreuil, la figure radieuse et un chapeau neuf à la main.

— Il faut nous isoler, dit-il à Félicien ; allons dîner au fond de la salle ; il y a trop d'oreilles ici.

Dit et fait en trois secondes.

—Eh bien! demanda Félicien, vous avez remboursé le billet?

— Remboursé. Quelle femme charmante, mon ami! quel bijou! quel trésor! un esprit d'ange; une grâce de déesse; parole d'honneur, c'est Therpsicore ou les trois Grâces en une seule; excusez ces comparaisons dans la bouche d'un vieillard impérial. Vous me voyez anéanti par tant d'attraits. « Mais pourquoi donc, m'a-

www.ingramcontent.com/pod-product-compliance
Lightning Source LLC
Chambersburg PA
CBHW070746170426
43200CB00007B/665